高强度科学训练全书

THE MODERN ART OF HIGH INTENSITY TRAINING

科学训练全书

[法] 奥雷利安·布鲁萨尔－德瓦尔（Aurélien Broussal-Derval）

斯特凡纳·加诺（Stéphane Ganneau）　　著

杨斌　郝磊　刘超　译

人民邮电出版社

北 京

图书在版编目（CIP）数据

高强度科学训练全书 /（法）奥雷利安·布鲁萨尔-
德瓦尔,（法）斯特凡纳·加诺著；杨斌, 郝磊, 刘超译
. -- 北京：人民邮电出版社, 2024.1
    ISBN 978-7-115-60812-3

    Ⅰ. ①高… Ⅱ. ①奥… ②斯… ③杨… ④郝… ⑤刘
… Ⅲ. ①健身运动－运动训练 Ⅳ. ①G883.2

中国国家版本馆CIP数据核字(2023)第031379号

免 责 声 明

　　作者和出版商都已尽可能确保本书技术上的准确性以及合理性, 并特别声明, 不会承担由于使用本出版物中的材料而遭受的任何损伤所直接或间接产生的与个人或团体相关的一切责任、损失或风险。

内 容 提 要

　　本书系统讲解了高强度训练的生理学基础、训练原则、注意事项及训练前的热身, 以有效帮助读者独立制订出一份合理的训练计划。本书加入手绘彩色解剖插图, 给读者带来视觉上的享受。此外, 本书重点讲解了高翻挺举、深蹲、卧推、硬拉、引体向上、俯卧撑等高强度练习的基础动作及多种变式, 同时提供了为期 15 周的完整训练计划, 以帮助健身爱好者、运动员提升动作的准确性及训练的合理性, 从而逐步提升运动表现。

◆　著　　　[法]奥雷利安·布鲁萨尔 - 德瓦尔（Aurélien Broussal-Derval）
　　　　　　[法]斯特凡纳·加诺（Stéphane Ganneau）
　　译　　　杨 斌 郝 磊 刘 超
　　责任编辑　刘日红
　　责任印制　彭志环

◆　人民邮电出版社出版发行　　北京市丰台区成寿寺路 11 号
　　邮编　100164　电子邮件　315@ptpress.com.cn
　　网址　https://www.ptpress.com.cn
　　北京宝隆世纪印刷有限公司印刷

◆　开本：700×1000　1/16
　　印张：13.75　　　　　　　　　　2024 年 1 月第 1 版
　　字数：275 千字　　　　　　　　2024 年 1 月北京第 1 次印刷
　　著作权合同登记号　图字：01-2017-3658 号

定价：98.00 元
读者服务热线：**(010)81055296**　印装质量热线：**(010)81055316**
反盗版热线：**(010)81055315**
广告经营许可证：京东市监广登字 20170147 号

本书序

本书中文简体版上一版名为《高强度训练的艺术》，于2020年首次出版。该书以手绘彩图结合真人实拍动作图的艺术表现形式，讲解了以发展全身力量为主的高强度训练，并提供了杠铃、哑铃、沙袋、自重等多种训练方式。因此，该书受到了广大读者的认可。

为了进一步突出高强度训练时，训练动作的准确性、训练强度的科学性和训练间歇的合理性对训练效果的重要影响，直观地呈现图书定位和特点，本书新版更名为《高强度科学训练全书》。

最后，如本书仍有疏漏或尚需改进之处，敬请同行专家以及广大读者指正。

2023 年 10 月

资源与支持

配套服务

扫描右侧二维码添加企业微信：

1. 回复关键词"60812"，即可免费观看44个"高强度爆发式快速伸缩复合训练"视频，帮助您提升运动表现。

2. 加入体育爱好者交流群。

3. 不定期获取更多图书、课程、讲座等知识服务产品信息，以及参与直播互动、在线答疑和与专业导师直接对话的机会。

感谢每天激励我、给我机会、指导我的了不起的教练们：
弗朗基·勒萨热、简·布里奇、帕特里克·鲁、埃齐奥·甘巴和
我的父亲克里斯蒂安·德瓦尔。

奥雷利安·布鲁萨尔–德瓦尔

目 录

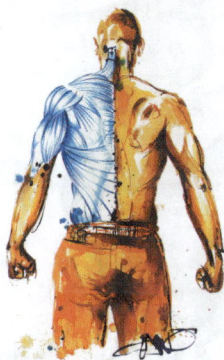

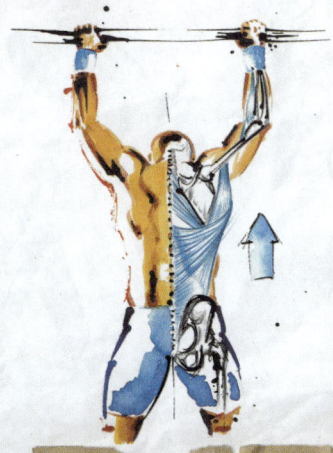

高强度训练的最大优点也是其最大缺点。训练计划中的多样性正是它吸引人、让人感兴趣的地方，但要启动一个训练计划却是比较困难的，在这个过程中甚至要打破一些常规的习惯或思维。如果每天都进行不同力量的练习、不断开始新的训练内容，也可能会在实战中适得其反。你可以在训练中加入变化元素，但不能单纯地为了变化而变化。当然，你可以让自己的练习多样化，但练习多样化也是一门艺术。本书将会对高强度训练的艺术进行阐述。

以基础训练为起点

训练同其他学科一样，也要遵循一定的规律。在任何情况下都不能违背基本原则，哪怕是为了保持创新性。以下为训练的基本原则。

✖ 原则1：发展性

发展性原则是基于生理学和教育学发展而来的，是基本的训练原则。有些健身房和健身俱乐部为了招收新会员，会增加具有挑战性且复杂的训练项目。这些项目强调了使用器械运动的重要性，但却忽略了发展性这一基本原则。他们的做法源于一个观点：锻炼者来俱乐部是为了寻找自信、享受乐趣，因此俱乐部应尽快让他们觉得物有所值。这种观点是与高强度训练的发展性原则相悖的。这将个人技术进步与身体发展相隔离。

常见的高强度训练基本技能十分复杂，无法确保每个人都能迅速掌握。相反，锻炼者需要花费数月时间练习才能保证在不受伤的情况下进行有效锻炼。只有认真完成一系列基础训练，锻炼者才能取得成功。

✖ 原则2：持续性

要谨记，短期取得的进步是不稳定的。要想长期保持进步，你需要在若干训练中以同样的模式持续使用恒定的负荷量。事实上，随意变换训练模式，将破坏训练的长期适应性，这会在很大程度上限制个人潜能的发挥。

高强度训练的专业性指导从一开始就至关重要，尤其是抓举、高翻和挺举训练。

高强度训练的复杂性不仅体现在技术上，还体现在生理上。进行此项训练对身体素质有一定的要求（有时，这些素质存在对立，此点详见本书后文中"训练的干扰因素"）。其中最具影响力的因素是代谢耐力的逐渐稳定发展，且在这个发展过程中所产生的生理适应性不会影响到未来的训练效率。当然，你可以对身体的任何部位进行训练，但这并不意味着你就可以按照任意的顺序锻炼各个身体部位。

代谢耐力的特点是强度和持久度可以保持在不同水平上，这包括基础的生理适应性，而生理适应性用其他方法是无法提高的（或者说其他提高生理适应性的方法的效果微乎其微）。这里涉及的相关术语包括血浆容量、每搏输出量、左心室收缩力。若运动员这几个方面的能力在一开始没有使用适当的方案进行强化，它们可能会限制运动员未来的发展。

尽管大家通常都想跳过热身运动，但对于任何项目来说循序渐进都是非常重要的。大多数俱乐部教练都知道热身的重要性和原理，但若逐步、完整地进行热身，那么标准的60分钟训练有时候就不大够用了。因此实际训练时，热身环节的时长通常会缩短一些。

逐渐激活身体运动系统（事实上，是通过锻炼），优化生理参数能确保训练取得成功（详见第12页"热身"部分）。热身时，逐渐增加运动量并提高训练复杂度能为主要训练创造更好的条件。

有些训练机构或训练计划会依赖一些立竿见影的健身方法。但如果什么事都浅尝辄止，最终只会一事无成。本书将会展示如何制订功能性训练计划，这会使训练成果更具实际性和持久性。

✖ 原则3：多样性

训练的多样性通过不断给锻炼者刺激，并减少日常训练的乏味来增加他们的训练动力。

✖ 原则4：非线性

与高强度训练密切相关的另一基本原则是非线性原则，尤其是在选择训练方法时，为了达到创造、非常规的训练强度的目的，锻炼者可以混合安排不同类型的训练，并调换顺序。非线性原则也能灵活运用于训练负荷及训练量（组、频率、次数）的安排。在短期训练阶段，相比于传统的循序渐进的板块训练，非线性的训练负荷及训练量常常会发生改变（甚至每周或每天都有可能变化），这是为了提供更多不同的训练刺激。

✖ 原则5：负荷与恢复

建立负荷与恢复间的平衡是重新管理训练计划的主要原因。不管你正处于训练中还是处于两段训练的间隔期，在制订负荷计划时，一定要考虑训练所需的恢复期。

首先，恢复期可以确保身体恢复到全新的状态，从而可以再次进行高强度训练。其次，通过训练取得的进步会在恢复期得以体现。

阅读本书，你会发现本书对训练计划的制订和恢复期的安排是非常严谨的。

你需要了解的生理功能

可能你已经了解到肌肉是由纤维组成的。提醒一下，人体的骨骼肌纤维包括慢缩型肌纤维和快缩型肌纤维两大类。慢缩型肌纤维毛细血管尤其丰富，且富含线粒体。高强度训练中，慢缩型肌纤维与快缩型肌纤维的组合能在重复性、持久性肌肉收缩中发挥最大性能。而快缩型肌纤维主要是在进行快速收缩和短时间内的最大力量爆发时发挥重要作用。快缩型肌纤维又可以被分为Ⅱa（氧化酵解型纤维）、Ⅱb（酵解型纤维）及位于二者之间的Ⅱx（氧化酵解型纤维）。所有发力的生理机能均受限于该收缩机制。从运动角度看，机体表现取决于各种收缩的组合作用。因此，必须采用适当的系统将供能物质转化为能量。

✖ 持续供能

依据对训练强度和时间的分析，机体在有氧与无氧状态下均可以产生能量。若消耗越来越多的氧气来维持体力（运动强度保持较低水平），运动时葡萄糖的分解（首要供能物质）也会持续。大家常会讨论有氧和无氧运动的训练方法，但这两种训练方法的机制实际上是一个连续体，在这个连续体中，能量产生的主要途径取决于活动的类型。

人体是一个由若干产能系统共同驱动的机体，它根据环境发挥控制作用。

就这点而言，高强度训练还是十分有趣的，因为高强度训练中有氧与无氧运动会随着整个训练过程中强度的变化而变化。在高强度训练过程中，大家常谈论乳酸这个话题。

✖ 快速、能量

当运动强度增大、肌肉重复强烈收缩时，快缩型肌纤维便会产生大量乳酸。

储存在身体中的葡萄糖，即糖原，会被分解为丙酮酸（有助于身体产能）。丙酮酸进入线粒体，与氧气在线粒体中结合便能转化为能量（有氧途径）。但随着运动强度的增加，快缩型肌纤维被占用且丙酮酸分泌过多，线粒体会容纳不下。过多的丙酮酸在线粒体外被转化为乳酸，这便是无氧途径。

进行高强度训练时就是如此。若运动强度足够大，慢缩

型肌纤维与快缩型肌纤维会同时作用，加速葡萄糖分解产能以供肌肉剧烈收缩，进而产生大量丙酮酸。而线粒体无法容纳过多丙酮酸，因而会产生乳酸。

乳酸为何如此重要

身体将葡萄糖转化为能量的效率，部分取决于机体运输氢离子释放葡萄糖的能力。乳酸的产生可以加快质子转运体卸载和装载质子。因此，乳酸的产生可以保证葡萄糖的分解过程更加高效。

该机制解释了产生乳酸越多，高强度训练能力就越强的原因。

✖ 乳酸是能量再生的关键

前面内容已经解释，大部分乳酸是由快缩型肌纤维产生的，在剧烈运动时，线粒体饱和会加速丙酮酸的生成。这个过程正是在高强度训练中发生的，它会产生大量乳酸。

然后，乳酸便会被邻近慢缩型肌纤维捕获用于有氧途径中的产能过程。剩余的乳酸均进入血流，被心脏及其他可用于积极性恢复的慢缩型肌纤维当作能量。

鉴于此点，在训练时应充分利用积极性恢复。

延迟性能与重复性能

2007年奥伯特和肖芬发现了重复性能这个重要的概念。在此之前，人们认为能量途径就像机器一样，既有力量（在特定途径下发力时所能产生的最大强度），又有性能（在时间上会延缓系统疲劳，但会逐渐被下个系统中的能量所抛弃）。这里的第二部分被作者称作延迟性能。作者将其与重复性能做对比，发现重复性能是指同一系统内重复进行高强度运动的能力。

在此讨论的是持久性力量，这是进行高强度训练的一项具体要求。

单组训练

大约从2010年开始，单组训练与多组训练之间的激烈辩论就已经开始了。一些研究者与教练提出一个引人注目的理念，即单组训练（当你无法进行重复运动时）的运动效果略差于多组训练，但区别并没有大到足以让其被多组训练替代（一般来说，崇尚单组训练的人认为多组训练仅比单组训练多3%的收获）。该理念与高强度训练界的理念相呼应。在高强度训练界，那些持续时间长、强度大、间歇短的训练十分受欢迎。尽管大部分研究结果都不支持这一理念，但以下观点表明做四组训练要比做单组训练的效果好。

－谁会拒绝让运动表现提升3%呢？

－剧烈拉伸后，疲劳的肌纤维中会发生肌肉增长。肌肉饱和的原因多种多样，除了局部肌肉饱和，还有其他原因会终止单组训练（如中枢神经系统疲劳、心理疲劳、血液酸度增加、能量储备减少，特别是缺乏专业技能等）。换言之，单组训练实际上是有效的，但这些组次不应被单独地使用。为了达到更好的效果，单组训练应当与其他方法一同使用。锻炼者应当尽可能在一组接一组的训练中重复进行高强度训练，这也阐述了本书进行多个单组训练与重复性单组训练理念的原理。

✴ 关于恢复

高强度运动结束后的7分钟是肌肉中乳酸最多的时候。运动结束60分钟后，乳酸含量又恢复正常值（并非24小时或48小时后恢复）。这就意味着人们可以在一天之内或连续几天进行两次高强度训练。更可能引起问题的是神经系统与代谢负荷日复一日的累积。因此，我们计划每训练三天休息一天。另外，在40%～50%的最大摄氧量（运动时可用的最大氧量）的条件下进行积极性恢复训练会显著加快血液中乳酸的清除速度。

在每一次持久的高强度运动后，我们常会针对特定强度安排一个积极性恢复训练。

然而2006年，斯宾塞及其同事研究发现：在短时间内进行高强度运动或者使出全力后，进行消极性恢复训练会更加有利于磷酸肌酸再合成。因此，在进行基于力量的训练及高强度短跑后，锻炼者要习惯采用这种恢复方式。需要注意的是，在休息时间少于10秒的情况下，通过消耗肌肉能量储备（磷酸肌酸）来增大训练量，可能会影响后面的训练（强度下降、技术不佳或训练时长缩短）。因此，我们也会采用这种练习方式来调整训练。

✴ 强度调节

当进行群体训练时，通常做法是给每个成员都使用同一标准重量。

这种情况下，每个人训练相同的次数和使用相同的杠铃重量（可能会分别对男性、女性、专业运动员做相应调整）。然而，在群体训练中，这样做争论的第一个点是个体间存在显著差异，甚至性别相同、健身水平相当的人之间的差异也是巨大的。一些锻炼者使用最大承重的70%会觉得很舒适，能轻易重复12次训练动作，然而其他锻炼者可能会采用更重的重量，但重复10次之后就无法继续。

另一个争论的点集中在技巧上。一些人擅长使用运动技巧，能运用技巧减少运动量，因此他们也需要调整重量，这样才能像初学者一样迅速进步。

虽然有时乳酸会限制你的表现，但现在你该明白**实际上乳酸是一种宝贵的能量资源。**真正导致肌肉酸中毒的因素是葡萄糖被分解为能量时所产生的离子，而这些离子会随乳酸离开细胞而离开。因此乳酸在供能的同时还在与细胞内酸中毒做斗争。

最后一个争论的点涉及体重，体重对最大力量的表现有显著的影响，但体重也会增加某些训练中的总重量。例如，220磅（1磅约为0.45千克，此后不再标注）深蹲的运动强度大小就取决于杠铃重量与锻炼者的体重。显而易见的是，体重132磅的人与体重265磅的人不能使用相同重量的杠铃进行训练。体重差异这点在引体向上时也要慎重考虑。举个例子，对于一个体重198磅的新手，他（她）将以超过最大负荷的重量开始训练！锻炼者需要找到减轻负荷的方法。因此，类似"每人做10个引体向上"的单一指令显然是行不通的。

这意味着在实际训练

过程中，当一组训练建议在5分钟内尽可能重复几组20个引体向上并加10个220磅强度的深蹲训练时，小组中每个成员都会经历一次不同的训练。事实上，他们训练的程度确实是不同的。

因此，我们建议采用更具适应性的选择。

● 本书时常使用X-rep这个术语。此术语指能够重复举起X次最大重量。例如5-rep就是指能够完成5次，而第6次失败的重量。

● 这里一般不会指定负重，因此你可以选择适合自己训练的重量。在训练时你若发现重量太重或太轻，可以进行相应的调整。

● 当然，运用一些技巧让训练难度降低也是调节适合自己负重的十分有用的方法。该方法自然会被持续运用。

提高缓冲能力

乳酸的名声不大好。虽然乳酸在人体内并不以它自身的pH值（乳酸的pH值为3.5，但人体的pH值为6.5）存在，但是你依然常会听到有关乳酸的讨论。此误解部分源于酸中毒，酸中毒会限制人体对高强度运动的适应性。一方面，乳酸能够促进身体调节，尤其是蛋白质的合成；另一方面，离子会提高所处环境中的酸度，促进蛋白质分解。调节这种拮抗作用的关键是要提高身体的缓冲能力，这有助于中和离子。

众多的研究试图确定有效的训练方法：用80%～90%的最大摄氧量进行2分钟的多组高强度训练，每组中间休息1分钟，肌肉的缓冲能力会发生巨大改变。因此，在致力于发掘潜力的循环训练中，我们采用了这种训练方法。

✖ 利用张力作用时间调节负荷

努力训练并不一定意味着要采用很大的负重。关注训练的精确性，会立马使得该训练更具挑战性。运动者在进阶过程中考虑的利用"张力作用时间"，取决于运动所需的时间。改变深蹲的时间能够有效提高成组运动的效率，且无须增加训练负重或进行多组训练。

例如，深蹲的四个步骤全都以秒计时。第一步是直腿站立，第二步是下蹲，第三步是下蹲至底部（依据深蹲高度调整负重），第四步是起立。即使大家都使用相同的负重训练，依旧可以依据这四步中的每一步所花费的时间来改变整个运动的负荷。做个实验，先按照常速进行水平下蹲，然后在不改变负重的情况下重复水平下蹲，但这次下蹲过程持续3秒，并在水平位置停留1秒。下蹲时再想想你要重复的次数吧！

训练的干扰因素

随着科研人员对组合练习研究的日益加深，人们对高强度训练的兴趣也与日俱增。21世纪初，有许多涉及同一训练或同一组训练中组合多种运动的研究。尽管练习者的训练水平以及在训练中使用的负重有差异，并且结果也不尽相同，但研究一致认同某些规则，我们正尝试将这些规则运用到训练方法中。

✖ 规则1：训练项目的先后顺序

众多研究证明，针对力量的训练会对力量的提升有很大的帮助，针对心肺耐力的训练也会极大提升心肺耐力。现在讨论的是在传统的高强度训练中采用一体化方法的弊端。为了取得实际进步，你必须清楚训练的一个原则：进行训练就意味着选择。琼斯及其同事进行的一些研究提醒了我们：如果指定循环训练中首要的目的是提升力量，那么有关心肺耐力的训练就应当少做一些。在不损害高强度训练的多样性的前提下，我们的方法为每个运动循环、每个训练都有指定的先后顺序。因此，我们的每个训练都有一个主题。

✖ 规则2：按正确顺序进行训练

经过众多研究得出的一个结论是：在进行心肺耐力训练时需要优先考虑神经肌肉参数。实际上，相对于力量提升，有氧耐力训练的效果似乎总不如力量训练。在有氧耐力训练中，神经系统压力无疑会影响练习者在接下来的抗阻训练中的发力。但是，达维特和他的团队发现，对初学者而言，先进行抗阻训练与先进行有氧耐力训练并没有什么区别。8周训练完成后，无论训练顺序如何，练习者的肌肉力量与心肺耐力都有巨大的提升。无论是在训练期间还是在一天中的其他时间，我们的方法都为您提供了一个强调以力量为导向的训练顺序的计划。在强调潜在进步的情况下，我们建议练习者在几次训练之间尽可能多留一些恢复时间。

✖ 规则3：避免错误组合

现代训练的一个重要概念是不兼容运动模式间的相互干扰。在进行高强度训练时，组合练习构成了某个训练的一部分，关键是通过改变特定的训练顺序来限制各项训练间的相互干扰。不仅是在同一次训练中，在同一循环训练中也是如此。

最具代表性的组合无疑就是多彻蒂和施波雷尔提出的模式。 →参见下页图中的详解

最具对抗性的训练方式便是将抗阻训练（每组重复做8～12次）与间歇性有氧训练以高强度的形式（强度接近最大有氧活动能力或最大摄氧量）组合在一起。但是实际情况下，应当避免将这两种训练组合在一起，因为两者会产生不兼容的外围效应。

（重复练习小于5RM）

有氧耐力训练强度

抗阻训练强度

（重复练习大于10RM）
次要区

95% ~ 100%
的最大需氧量

中部

中部

次要区

神经适应性

心血管适应性

（小于无氧阈）

干扰区

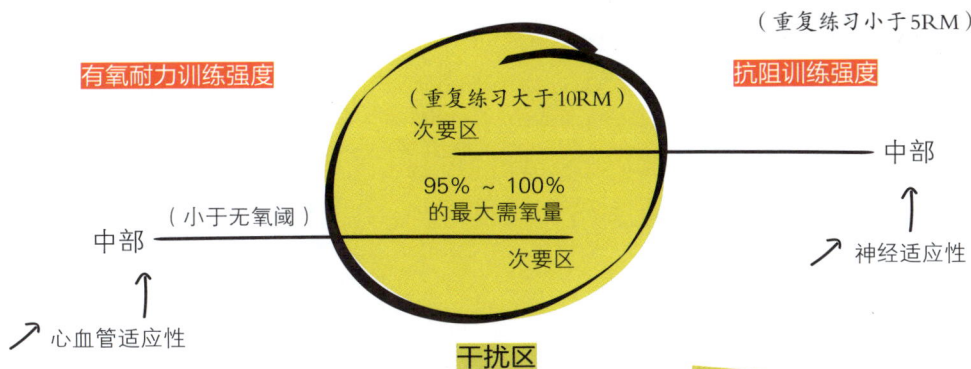

源自：Reprinted, by permission, from Docherty, D. and B. Sporer. 2000. "A proposed model for examining the interference phenomenon between concurrent aerobic and strength training," Sports Medicine 30(6): 385–394.

注：RM 为 repetition maximum（最大重复次数）的缩写。

多彻蒂和施波雷尔模式

毫无疑问，多彻蒂和施波雷尔模式是最具代表性的模式。目标：避免错误组合与干扰。

为何有些高强度循环训练毫无作用

多彻蒂和施波雷尔模式清晰地标明了你应当回避的最大干扰区。但是有些训练恰恰就是在此区域出了问题。要记住训练难度大并不代表该训练就是有效的！因此，通过间歇性训练，在接近最大有氧功率的情况下，进行增强肌肉氧化能力的有氧耐力训练时，不能同时进行阻力训练。阻力训练每次要重复8 ~ 12次，这样的训练旨在促进蛋白质合成，增强厌氧能量系统中的压力，同时增加肌肉中的乳酸浓度。

身体要同时适应两种不同的生理限制，这会减少对某一系统甚至两个系统可能产生的适应性。

✖ 行之有效的组合方法

　　不能随意选择训练序列进行组合！一些组合的效果会比其他组合效果好。最优的训练组合能够最大限度地减少单个训练乃至整个训练计划中的干扰因素。这里会列举两个例子用作指导，从而帮助你理解组织训练的方式。

需要记住的组合原则

－在进行剧烈有氧运动时，避免重复8RM到12RM的训练。

－在进行力量训练与有氧训练的组合训练时，不要用低于8RM的负荷训练。

－一个好的训练组合应当结合间歇性有氧运动与最大强度或力量训练。

－低强度连续性有氧训练可以与力量训练相结合。

力量训练

高强度训练组

强度：最大重复值，重复动作2～5次，完全恢复（3～5分钟）。

力量：以最大速度，做动作4～6次，接近完全恢复（2～3分钟）。

生理目标：提高神经系统控制力

＋

高强度间歇性训练

接近最大摄氧量训练组

示例如下。

105%的最大摄氧量状态下，完成15次30秒的训练动作，随后恢复30秒。

95%的最大摄氧量状态下，完成10次45秒的训练动作，随后恢复15秒。

生理目标：增强肌肉的氧化能力

　　在此案例中，通过力量训练与高强度间歇训练的组合，练习者不仅能提高神经适应性和氧化能力适应性，也能保证它们彼此不会有太多干扰。

低强度有氧耐力训练

中等强度下的连续运动

该运动可在一个循环训练中完成，但中间休息时间应控制在较短范围内。尽量缩短各训练组之间的休息时间，使肌肉尽可能连续地发力。最后，训练时间要足够长，从而无须进行高强度间隔训练，同时，有氧氧化反应也可以被激活。训练时间应为12～20分钟。

生理目标：优化体外机制

＋

肌肉块与肌肉量训练

使用8RM到12RM的负荷，当你做不动时，训练结束。

生理目标：增长肌肉

　　在此案例中，增肌训练与基础有氧耐力训练的结合，不仅能提高练习者极限适应性与心肺适应性，也能保证它们彼此不会有太多干扰。

如何使用此书

请记住，本书不能完全代替一个优秀的专业体能教练或私人教练。本书只能强化你的理论知识，不会传授基本技能。尽管从理论上讲，初学者可以通过阅读本书完成这些练习，但是本书的理想读者是经验丰富的练习者。本书也能让你摆脱因循守旧的模式，因为它不拘泥于传统的训练方法。本书有时会采取不同的训练方法以更好地适应生理需要或促使练习者取得更大的进步。

如果你想进行一个完整的15周训练，那么本书的结尾部分有专门为你制订的计划。无论你现在水平如何，此部分为你提供了能让你取得实质性进步的训练。当然，你也可以根据自己的情况及本书的建议改善该计划。

若你是一名资深的练习者，能够为自己制订计划，那么本书会提供根据不同目的制订的多种训练项目。需要注意的是，这些项目并不会与特定或有组织的团队训练内容相冲突；相反，它能够补充和丰富训练项目，但你不应该舍弃教练训练中的有用内容。

热身

✖ 基础热身须知

热身运动是在实际运动之前，身体进行的准备性、预防性运动。然而，有些训练项目使用的热身运动通常是总结性、常规性和非特定性的。这里需要指出现代性而不是基础性热身训练的三个缺点。

一是很多人做几分钟的划船或跳绳，然后举一根空杆作为锻炼前的热身。已经熟悉自己训练的运动者常常想尽快结束热身运动，开始训练。

二是有些人做的热身运动可能是不完整热身（缺少某项运动或身体某些部位未被完全预热），或是根据习惯热身（常常就做一种热身运动），甚至是没有考虑这项热身运动是否适合之后的训练（依据情境、运动者自身或训练的内容）。

三是尽管热身的方法多种多样，但运动者对其提高肌肉内部温度的重要性认识不足。1979年，伯格和埃克布洛姆提出最大力量和爆发力会随着肌肉温度的提高而提升。

肌肉温度每升高1摄氏度，最大力量提升2%，这对竞技性运动员来说是很关键的影响因素（尤其对力量举与举重，哪怕是2%的最大力量提升也能转变为更多的重量）。因为肌肉与肌腱在静息时的温度大约为37摄氏度，我们的目标是通过做热身运动提高肌肉温度。

肌肉在合理的温度下，生理反应能够发挥最佳作用，同时生化反应的速度也会达到最快（Schmidt & Thews，2013）。若肌肉与肌腱在39摄氏度时最有效率，那么神经系统及关节也是如此。

现在我们介绍成功的热身运动具有的五个主要功效。 →见下页表格

应该避免的事情

在热身运动之后保持静止的姿势，会让热身失去所有积极的功效（例如：在跑步之后进行一系列的地板拉伸）。

－把循环训练作为热身运动，心率大提高，但心输出量却无明显变化。

－热身运动时间过长或过短。

－把被动拉伸作为热身运动。

－热身时涂抹油膏，仅有一点外周效应。

－热身时进行突然的、复杂的运动（举重运动、壶铃训练等）。

提高肌肉内部温度	提高心输出量	提高每分钟呼吸量	提高运动效率	心理影响
➜ 代谢反应更加迅速	➜ 心率加快	➜ 呼吸量增加	➜ 提高本体感受（神经肌肉通路在温度高于38摄氏度时反应能力增加）	➜ 信心增强
➜ 黏弹性行为减少	➜ 收缩期射血分数增加	➜ 潮气量增加	➜ 通过增加软骨厚度（增加10%）保护关节	➜ 为训练中更加困难的运动提供动力和准备
➜ 肌肉延展性增强且内部张力减小	➜ 肌肉灌注增加（在某种程度上）	➜ 肺部气体交换增加且优化，因而能够更好地吸收氧气（产生更多能量）及更好地排出二氧化碳	➜ 关节活动能力增强（在关节腔液中增强）	➜ 提高注意力
➜ 肌肉收缩速度提高，从而肌肉收缩时间缩短	➜ 末梢总阻力减少（血液循环更好）		➜ 肌肉协同作用得到改善	
➜ 肌肉兴奋性优化	➜ 活跃肌肉区域血管舒张，不活跃肌肉区域的血管收缩（根据需要，血液供应达到最优化）		➜ 通过恢复运动记忆激活运动模式（恢复自主运动）	
➜ 神经传导速度加快				
➜ 力量生成能力提升				

在休息与进行高强度训练的间隙，热身运动应该起到如下作用。

➜ 增强即将进行更加有难度的运动的肌肉的可塑性。

➜ 将血液、氧气和营养物质一起运输到肌肉内。

➜ 巩固适宜的训练技巧。

➜ 保护身体各部位。

➜ 为训练做准备。

运动者通过热身使肌肉温度达到38～39摄氏度，进行大量运动时疲惫感反而会减轻，同时肌肉与关节的损伤概率也会降低，相对于未进行热身运动，训练精准度会更高。

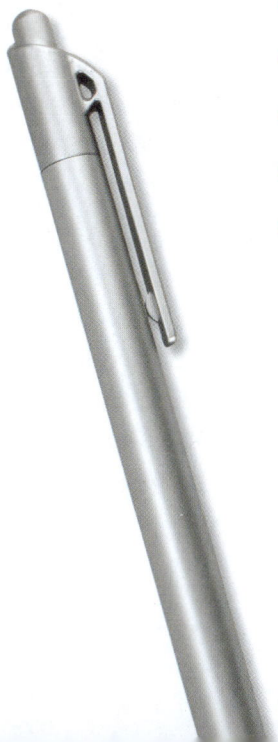

✴ 如何计划热身运动

遗憾的是，完全根据科学的运动原则且适用于任何形式训练的特定热身运动是不存在的。重要的是热身运动应当和个人情况及训练计划相匹配。因为训练在任何时间、任何地点都可以进行，而且可以全年进行，所以以下众多因素需要你铭记于心，这些因素可以让你在任何情况下都能够制订你的热身运动计划。

较冷时 （温度低于14摄氏度）	较热时 （温度高于20摄氏度）	一天中的时间	计划的热身类型
➲ 穿上合适的衣物以保存身体产生的热量；否则，你的热身运动毫无意义。要确保衣服能够覆盖你即将进行锻炼的肌肉 ➲ 进行足够时长的热身运动以保证能产生充足的热量用于提高大块肌群的内部温度	➲ 定时喝水（在你感到口渴之前） ➲ 找一个温度适中、露天的位置进行热身（阴凉处） ➲ 加快新鲜空气流通（开窗、使用电风扇） ➲ 最重要的是，避免温度过高和中暑	➲ 在清晨或晚上做热身运动要比白天花费更长时间，并要更加认真 ➲ 考虑运动员的心理状况（如个人问题）	➲ 在高强度训练中，要进行深层次的热身运动，但不要让身体过度劳累 ➲ 1972年，施托博伊提出热身运动要持续15～30分钟（如果有训练需要，时间可能更长） ➲ 对于时间较短的高强度训练，热身应当更加集中且至少要持续20分钟 ➲ 对于时间较长的低强度训练，较短时间的热身（少于10分钟）就足够了（Radlinger，1998）

要牢记的原则

如果遵循以下四个原则，那么热身会成效卓著、益处多多。

➲ **产生实际热量：** 当肌肉每秒提供的能量超过50焦耳时，身体的温度才会随之提高。因此热身强度要足够大。要注意：每个人的出汗量都有很大不同，因此用出汗量来判断热身强度并不是一个好办法。心率是更好的参数：每分钟心率在140～160次。

➲ **保存热量：** 身体通过辐射（身体辐射红外线进行冷却）和蒸发（出汗）冷却。身体温度越低，越要多穿衣服。

➲ **逐步热身：** 不要让自己筋疲力尽（保存能量）。热身所使用的运动组合应当能够让你逐步提高运动强度，一直到训练开始的时候。

➲ **交替运动：** 无论是在生理上还是心理上，进行交替运动和为热身训练增添变化都是必不可少的。你应当做一些帮助你的心肺系统恢复和能够激活身体不同肌群和关节的运动。这样的话，全身训练和特定肌肉训练可以以不同的方式组合安排在你的热身运动之中。

腘绳肌

因腘绳肌的功能及特殊的解剖和生理结构，我们需要对其使用特殊的训练方法。

腘绳肌呈V形，其中的羽状肌由大量短纤维组成，这些短纤维伴有大量的结缔组织，因此很容易僵硬。

从现在起，一定要积极锻炼腘绳肌。

- 首先通过小腿屈伸进行热身（伸直或屈曲踝关节来放松或绷紧脚部），同时以一定角度前后摆动身躯。
- 锻炼完之后，彻底舒展身体（以恢复肌肉的原始长度并保持初始离心功能）。
- 使用屈腿练习器时，记得要双腿交替使用，这样两条腿都能进行等量锻炼。
- 离心训练要求更加严格，要通过向心训练进行锻炼（或等长收缩训练）。
- 完成腿部动态屈伸后，让肌肉回到正常运动状态（像直腿跑步这样尽可能进行等长收缩的训练）。

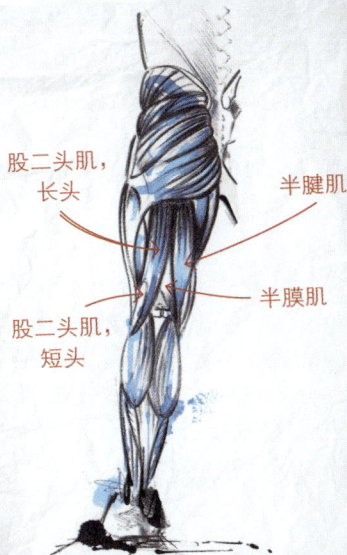

股二头肌，长头

半腱肌

股二头肌，短头

半膜肌

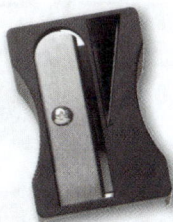

✖ 热身的重要环节

现代化的热身环节通常包括三个部分。在此我们展示的热身内容和时长只是一些例子，并非终极训练组合！练习者应当依据自身的锻炼并遵循本书提出的原则，系统地选择训练。

要小心谨慎！不要相信"只需要10 ~ 15分钟就足以让你的躯干和头部温度达到39摄氏度"这样的说法，因为事实上你的四肢（及其肌肉）还需要10分钟才能达到38摄氏度（主要是因为这些区域热量容易流失、血量也不相同）。

1. 一般热身

时长：5分钟

此部分的目标是通过逐渐唤醒心脏和呼吸系统来激活心肺系统。为了达到此目标，应当着重进行低强度全身性训练。跑步可以提供多样性训练（交叉跑、抬腿跑等），是较好的热身运动。

2. 辅助热身

时长：5 ~ 10分钟

此部分热身训练建立在之前训练的基础上并且增添了交替训练，同时能保持心肺活力。

➡ 唤醒各个关节，使其处于发力状态（尤其是颈部与四肢）。

➡ 以适中强度再进行一次跑步训练。

➡ 进行主动动态拉伸，拉伸和收缩均保持约8秒，然后动态拉伸8秒左右。

➡ 以不同强度再进行一次跑步训练（短距离冲刺）。

3. 专项热身

时长：10分钟（实际训练时可与技术性内容相结合）

在脑海中设想你的热身训练。一个完整的热身应当包括特定部分用于满足以下需求。

➡ 满足练习者的特定需求（有明显弱势或练习者身体的独特需求）。

➡ 满足训练中要进行的某项运动的特定需求。

技术领域应该优先关注的地方：步法或步态，以不同力量进行下蹲，或半技术性举重练习。

热身运动的最后一步具有关键的转换作用，它可以通过特定的运动激活训练模式和肌肉记忆，将全身性热身训练转移到运动的核心部位。

对于多种形式锻炼的具体步骤，这里有一些建议。

✖ 特定的高强度常规训练

在了解了热身的基本原则后，最重要的是运用。你需要掌握具体的训练动作以重新激活训练模式，为训练做好生理、心理两方面准备。

请注意，这些训练建议是组合的建议，可以进行丰富、混合与调整。最后，我们想讲清楚这些锻炼同众多调节性、预防性训练一样，因为它们都是为适应高强度训练而进行的引导性训练。

杠铃常规训练

训练1：过顶深蹲
与蹲地抓举组合

10 次过顶
深蹲
（第100页）

组合

10次蹲地
抓举
（第60页）

①

重复该训练组合
3次，然后休息
30 ～ 60秒

②

③

④

⑤

训练2：大腿中部抓举
与膝上高翻组合

10次大腿
中部抓举
（第60页）

+

① ②

10次膝上
高翻
（第34页）

重复该训练
组合3次，
然后休息30秒
到1分钟

③ ④

① 训练3：膝下高翻与
　挺举组合

②

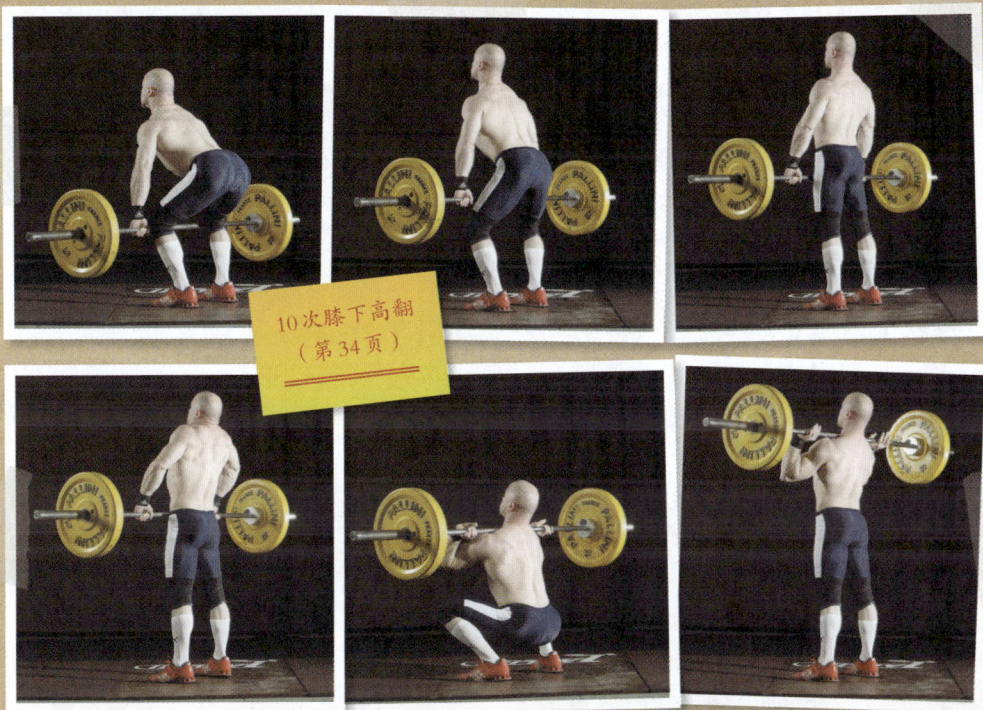

10次膝下高翻
（第34页）

③

④　⑤

⑥

组　合

10次弓步挺举
（第47页）

重复该动作3次，
然后休息30秒到
1分钟

完成2～3组
（每组各3次）高
翻和挺举，每组
之间休息1～2分
钟。

小型壶铃常规训练（无间歇）

无间歇完成此套训练。重复
2～3次后，在进行下一轮之前
休息30秒到1分钟。

组合

腰间转20次（左
右两边各10次）

10次向前
交替弓步

①  ②  ③

④  ⑤  ⑥

10次交替
单臂壶铃甩摆
（第130页）

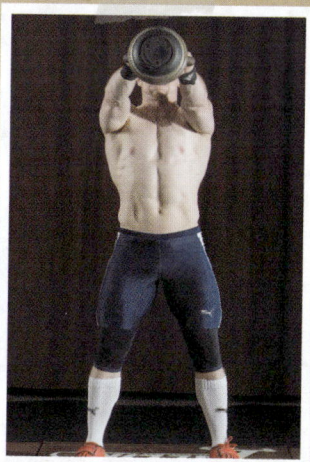

俄式变化

10次双臂
壶铃甩摆
（第129页）

下页
可见美式变化

美式变化

上页
可见俄式变化

10次壶铃
甩摆及180度
转身

① ② ③ ④ ⑤

沙袋常规训练

一个接一个地做这个练习动作。你可以在完成几个动作后休息几秒。每次做2～3组，然后组间休息30秒到1分钟。

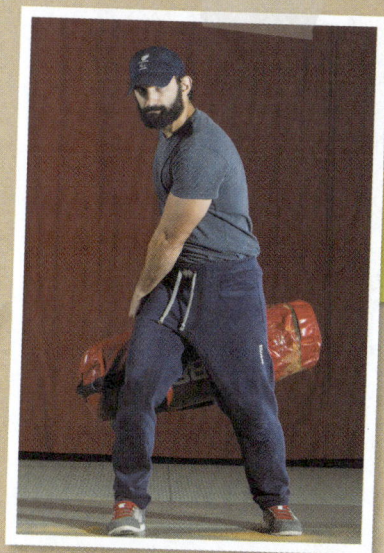

身体转动
10次

①

②

10次硬拉
及过顶推举

③

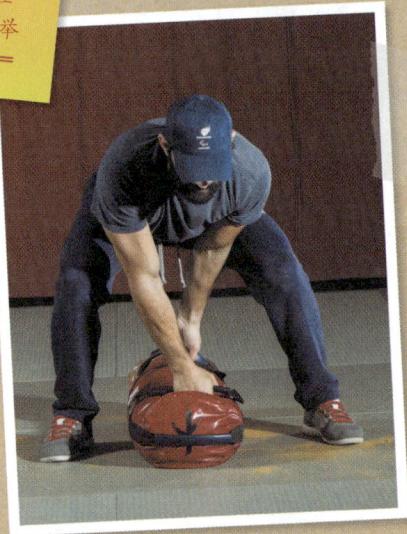
④

组合

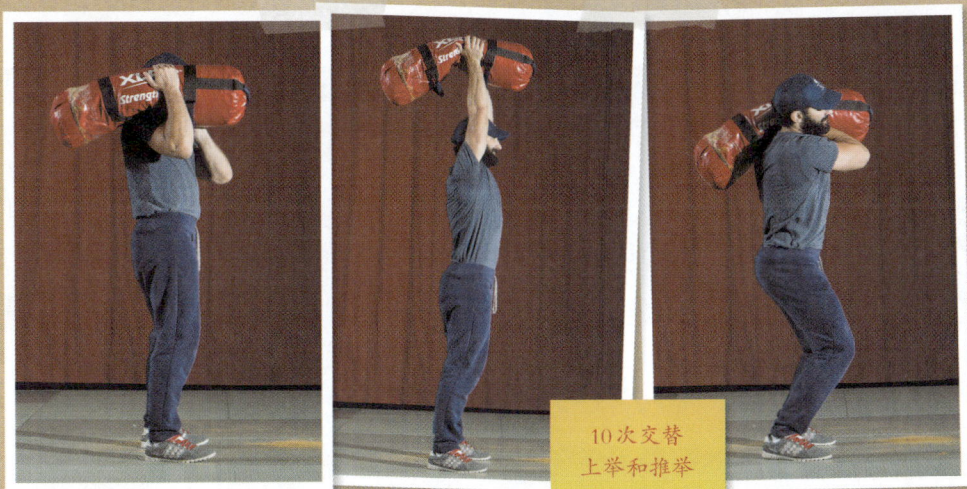

10次交替
上举和推举

接下来

10次弓步
侧转

10次沙袋
侧摔

弹力带常规训练

中间不要休息，把这些运动组合起来进行训练。
每次做2 ~ 3组，每组结束后休息30秒到1分钟。

10次
双臂后拉

接下来

20次伴随着手臂
拉伸的侧向跳跃

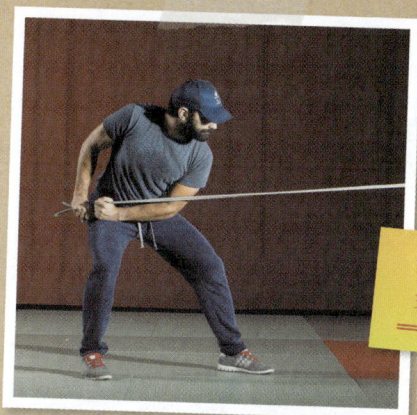

10次双臂
交替侧拉

接下来

① ② ③

④

5次后倒地
及开合跳

重复3次后
休息30秒

⑤ ⑥ ⑦

T杠常规训练

不要中断自己的节奏，连续做下列4项练习。采用较为舒适的重量，这样你就可以专注于技术的提高。重复3组后休息30秒到1分钟。

10次深蹲

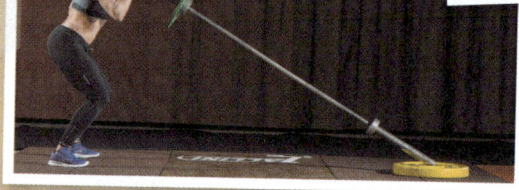

10次双手交替推杆

10次
侧身推举

10次
推举

战绳常规训练

下列每项运动完成之后休息10秒。
休息1分钟后可重复进行整个循环训练。

10次常规摆动
（第176页）

摆动后，恢复
10秒

➕

10次大幅摆动
（第176页）

摆动后，恢复
10秒

➕

10次交叉摆动
（第177页）

摆动后，恢复
10秒

反手握摆动
（第 177 页）

摆动后，恢复
10 秒

$+$

短促、快速地
甩动 20 ~ 30 秒

做 1 ~ 2 组后，
恢复 1 分钟

悬吊常规训练

训练1：ITW 字练习

4 次
ITW
字练习

完整地做完一次 ITW 字动作就算作 1 次练习，但当你做完一次这个练习后实际上你做了 3 次动作。因此，事实上完整地做完 4 次 ITW 字练习就相当于做了 12 次动作。

训练2：手枪式深蹲

每组10次手枪式深蹲，
每条腿做3组

训练3：超人姿势

①  ②

10次
超人姿势

③  ④

训练4：俯卧撑

做3组俯卧撑，
每组10次

训练5：悬挂收腿

10次
悬挂收腿

结束姿势

训练6：腿屈曲

做3组腿屈曲，
每组10次

训练步骤

　　将下列训练重复2～3次，中间休息1分钟：100米中速跑步，25米高抬腿，25米踢臀跳，25米右腿高抬腿，25米左腿高抬腿，25米踢臀跳（仅右腿），25米踢臀跳（仅左腿），25米跳跃，25米直腿跑，100米中速跑步。

技术
基础

基础性练习

　　举重训练在高强度训练及一般性抗阻训练中具有举足轻重的地位。因此对于那些想要快速进步，又不愿意花费太多时间训练的人来说，举重训练是个很好的选择。尽管基础性训练种类繁多，但半技术性及引导性运动能够简化训练，因而人们能够更加容易地掌握这些训练，也能够在训练中使用更重的重量。我们将从奥运会比赛的两个经典训练开始：高翻挺举和抓举。

✖ 高翻挺举

　　高翻挺举与抓举相比，技术性要求稍低，但要求爆发力更强、力量更大。高翻挺举由两种不同的运动组成：高翻和挺举。

高　翻

　　高翻有六个连续而独立的部分。

➲ 第一部分——起始姿势

　　身体靠近杠铃，同时肩部、膝盖、足部均指向前方。肩部略前于膝盖，膝盖略前于足部。双脚站稳，踩实地面。

　　双脚距离可以变动，但总体来说，双脚间距要略宽于髋，因为这种方式能使举起杠铃时站姿变宽。

　　握住杠铃杆，双手间距略比肩宽。背部与腰部呈自然曲线，肩胛骨收紧，并使它们保持在此位置。

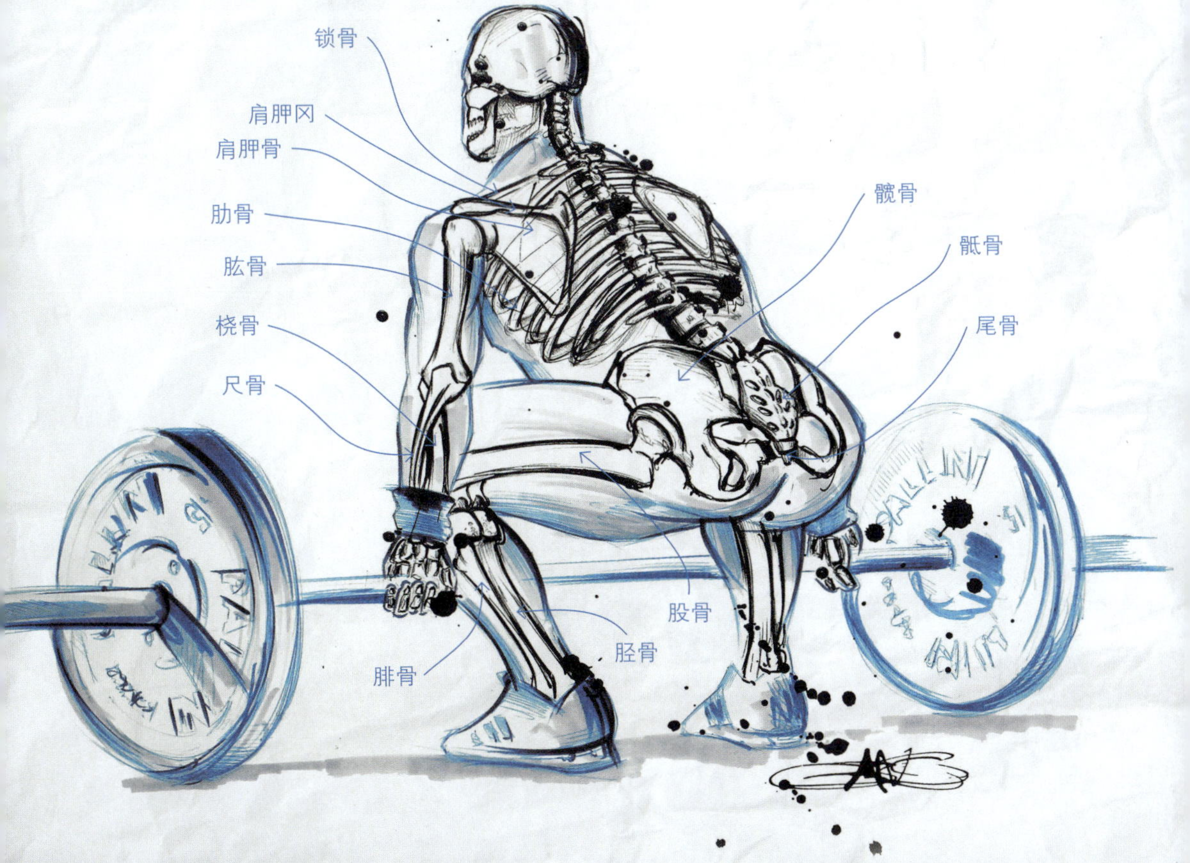

锁骨
肩胛冈
肩胛骨
肋骨
肱骨
桡骨
尺骨

髋骨
骶骨
尾骨

股骨
胫骨
腓骨

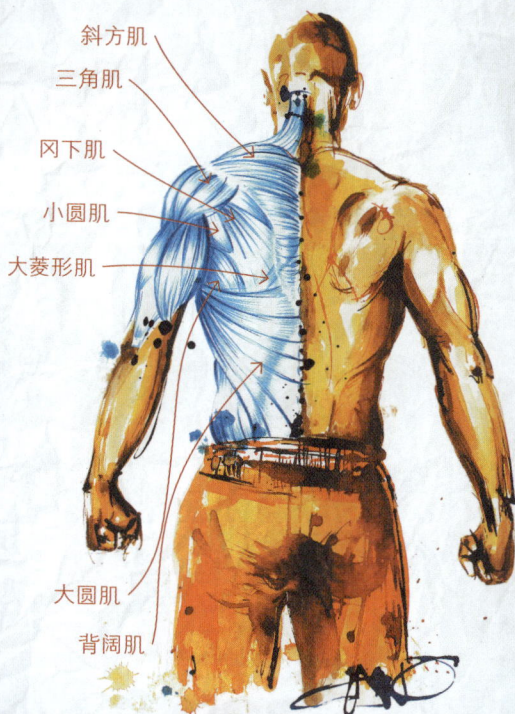

斜方肌

三角肌

冈下肌

小圆肌

大菱形肌

大圆肌

背阔肌

挤压肩胛骨

人们每天忍受着背部疼痛，这大多是由过度弓背（脊柱弯曲）、圆肩导致的。出现这种姿势多数是因为肩袖及肩胛骨周围肌肉无力。

如果纠正这个姿势对你来说有些困难，那么你必须锻炼这些肌肉。在锻炼时，你可以挺起胸部、后拉肩部、挤压肩胛骨，使这些肌肉活动起来。该锻炼会抑制驼背、挺直背部、强化并保护背部，同时使得背部更有力。

➔ 第二部分——首次上拉

这一部分的动作是首次把杠铃从地面拉至膝盖处。进行此部分动作时手臂不能弯曲，且保持背部角度不变。然后，为使杠铃杆经过膝盖，膝盖应当轻微后移且微微弯曲，上拉杠铃从地面移至膝盖上方。此部分中，重心应移至脚掌，但脚跟仍触地。第一次上拉时股四头肌、臀部肌肉和腘绳肌发力，由脊柱、背部和椎旁肌肉维持稳定。

椎间盘

棘突

椎体

⊙ 第三部分——过渡

此部分中，要放慢速度，因此，第三部分应当尽量缩短训练时长。这一部分是为第二次关键性加速（第四部分）做准备。过渡时，背部要微微挺直，让膝盖再次回到杠铃上方，再将杠铃上拉至大腿中部。在重心自脚趾转向脚跟最终转至脚底这一过程中，双脚应始终踩实地面。

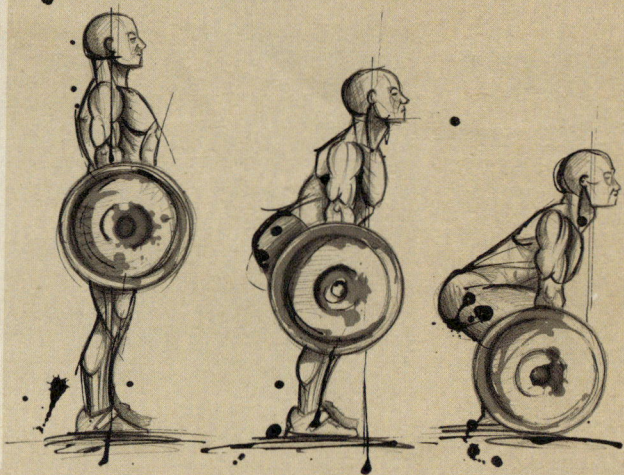

🟠 第四部分——再次上拉

正如第一次上拉，此部分由腿部发力将杠铃上拉，帮助双臂向上拉举（抬起肩膀及屈曲肘部），然后手臂从杠铃下方通过。背部挺直，脚后跟抬起，推动骨盆前移。

此部分动作运用了多种肌肉；事实上，整个身体都在为大肌群的活动而工作。

斜方肌

三角肌

背阔肌

阔筋膜张肌

髂胫束

臀大肌

股外侧肌

大收肌

半腱肌

腓肠肌

股二头肌

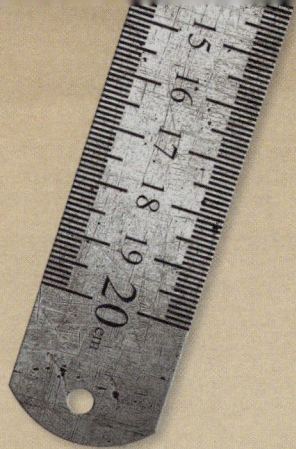

在手肘屈曲前竦肩。

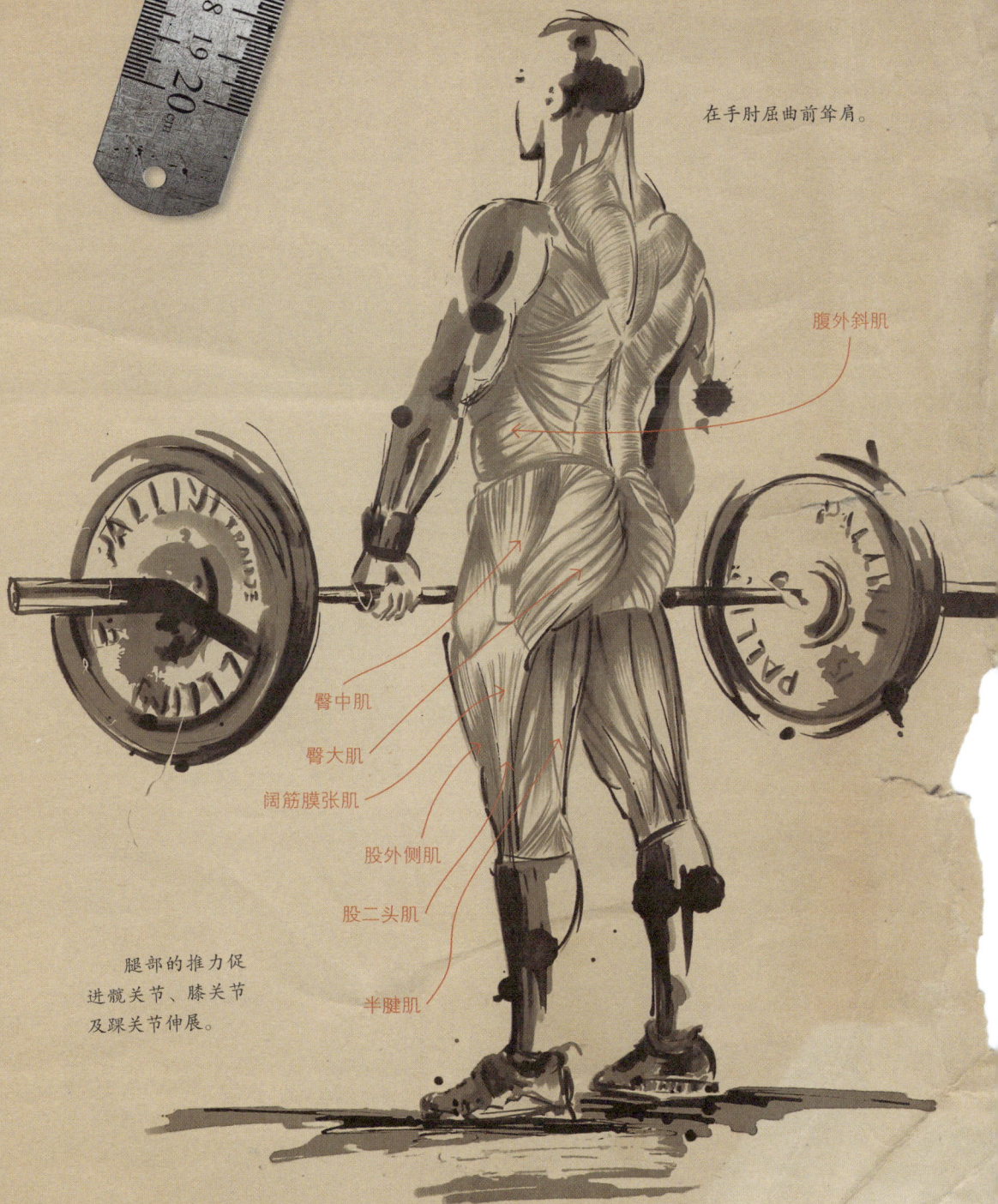

腹外斜肌

臀中肌

臀大肌

阔筋膜张肌

股外侧肌

股二头肌

半腱肌

腿部的推力促
进髋关节、膝关节
及踝关节伸展。

踝关节伸展机制（跖屈）

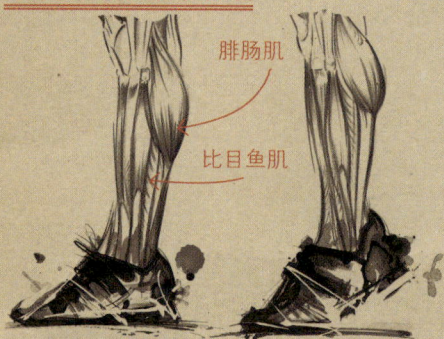

腓肠肌

比目鱼肌

➔ 第五部分——身体滑至杠铃下方

运用第二次上拉产生的动力，使用斜方肌、肩部和手臂肌肉发力举起杠铃，使身体滑至杠铃下方。此部分结束时肘部可以指向前方，杠铃可以与锁骨接触。在跳跃后身体下滑至杠铃下方时，双脚距离增大以增强稳定性。

骨盆主要靠腹部肌肉、脊柱周围肌肉、腘绳肌保持稳定。

腹部和脊柱周围肌肉也起到了支撑躯干的积极作用。肩部、手臂、背部、椎旁肌肉支撑上背部及肩胛骨。

→ **第六部分——再次站立**

　　股四头肌和臀大肌发力使身体完全站立起来。在动作的最后阶段，双脚回到正常位置，骨盆稍微前倾，胸部张开，肘部向前，躯干得到强有力的支撑。

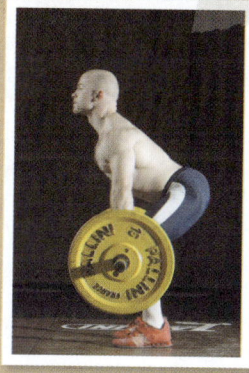

训练——高翻

训练1——北欧组合

12组，每分钟交替一次。

偶数组：2次高翻，2次悬垂高翻，2次挺举（交替弓步）（第47页）。

奇数组：4次臂屈伸（负重）（第180页）。

恢复：跑步4分钟。

21次、15次、9次杠铃深蹲（第89页），并尽可能快地交替进行波比跳（第165页），然后进行跳箱。

训练2——英式早餐

3组，每组10次前蹲（第97页）。

3组，每组10次引体向上（弹力带）（第143页）。

3组，每组3次硬拉（第125页），1次高翻。

3次前蹲，1次高翻。

此训练组合重复5次，每次中间休息90秒。

训练3——高翻－俯卧撑－深蹲

3分钟内尽可能多地重复下列动作：3次高翻，6次俯卧撑（第158页），9次深蹲（第89页）。

此训练组合重复5次，每次中间休息1分钟。

挺　举

高翻挺举的挺举可划分为四部分。

➔ 第一部分——臂屈伸

高翻的最后阶段是将杠铃接触锁骨。胸部打开，肘部向前高举。保持头部中立位，目光锁定在水平位置某一点上。此时双脚处于起始姿势，双脚间距大致与髋同宽，双腿微屈，为开始动作做好准备。双脚踩实地面，重心位于脚掌。在整个运动中，你需要保持正确的姿势以支撑躯干。腘绳肌在支撑躯干和保持骨盆稳定方面发挥着重要作用。

➡ 第二部分——推力

利用下蹲时的反弹力，即股四头肌、臀肌、小腿肌肉的协同推力，通过三角肌和斜方肌传导从而形成的肩背部肌肉的发力。在整个下肢垂直动态伸展的过程中，双臂应保持在相应位置且处于放松状态，这样就不会干扰向上的推力。在推力的最后阶段，动作达到的最大高度至关重要，从肩膀至脚踝，关节必须在一条直线上。头部轻微后移，防止杠铃离开肩部时撞到下颌。

➡ 第三部分——过渡

在向上推的同时跳起，将杠铃举起。跳动时推杆，实际上是将身体往下压，最终形成弓步姿势，同时双臂举杠铃过头顶。

这个全新的姿势需要所有核心力量支撑以维持杠铃和身体间的平衡，同时涉及肱三头肌、三角肌的向心收缩和等长托举。杠铃在头部后方保持平衡。前脚施力以保持稳定。前腿和后腿间的角度应当大于90度。注意不要将后腿向外旋转，否则，脚也会跟着向外转动；同时，要保持骨盆微微前倾。

➔ 第四部分——回位

先将前脚收回，然后带动后脚向前，即可恢复站立姿势。接着将杠铃置于地上。

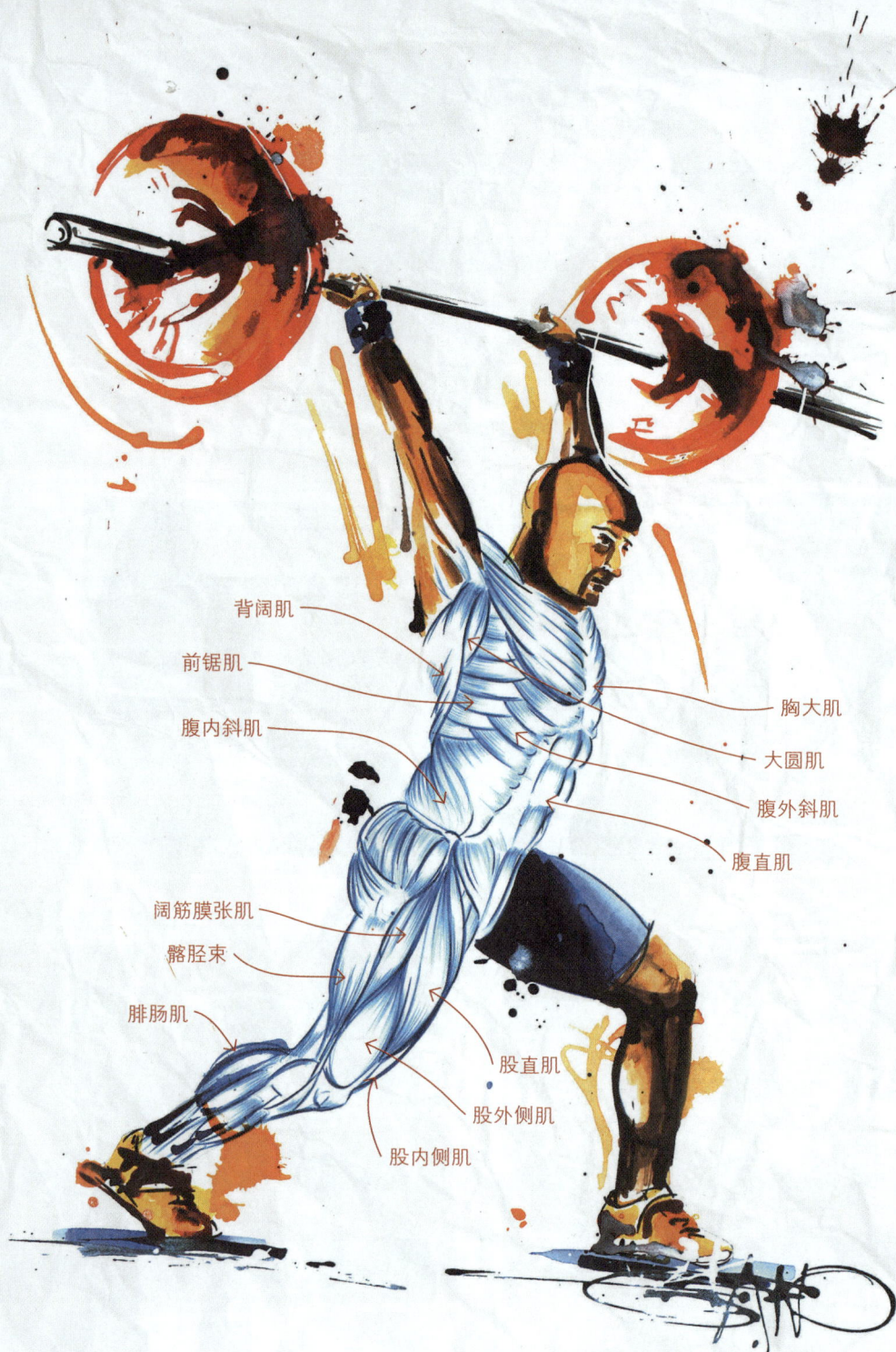

背阔肌

前锯肌

腹内斜肌

胸大肌

大圆肌

腹外斜肌

腹直肌

阔筋膜张肌

髂胫束

腓肠肌

股直肌

股外侧肌

股内侧肌

①

双腿微屈，然后……

跳！

收回前腿，接着后腿前移。

弓步要蹲得够低。

③

训练——挺举

训练1——反向跑步

12分钟内，尽可能多地完成以下训练：
15次跳箱，15次挺举（第47页），
反向跑步300米。

训练2——无伤害爆发式训练

每分钟做1轮，进行20分钟以下训练：
50米短跑，4次挺举（第47页），6次
波比跳（第165页）。

训练3——发现真相

你可以在17分钟内了解自己在进行硬拉（第125页）、深蹲（第89页）
及挺举（第47页）训练的强度极限。如何安排时间和训练动作，由你
自己决定。当然，你应尽量使用极限重量进行训练。

为何要进行反向跑步？

显然反向跑步比正向跑步要慢得多。在重复最大强度训练，而非高强度训练时，进行慢跑并没有什么问题。反向跑步是一项有效、新颖的运动，它能够以独特的功能性且出人意料的方式促进后链肌群的发展。在进行此项练习时，你需要总是先用脚的前部着地，这个动作会弱化冲击力，提高脚部敏感度，提升跑步技巧。

训练——高翻挺举

训练1——无限

1次高翻挺举（第34页），1次深蹲（第89页），1次跪姿杠铃腹肌滑滚（第190页）。每完成一组动作后，把后两个动作重复2遍。

1次高翻挺举，3次深蹲，3次跪姿杠铃腹肌滑滚；
1次高翻挺举，5次深蹲，5次跪姿杠铃腹肌滑滚；
等等。

没有时间限制，尽可能多做几次以上动作。如果一组动作进行中断了，那么需要重新开始该组动作。

训练2——技术性提高

4组，每组5次前蹲（第97页）。
4组，每组3次高翻挺举（第34页）。
4组，每组3次悬垂高翻。
每分钟高翻、前蹲、挺举各3次，共7分钟。

训练3——硝化

15组，每组3次高翻（第34页）、6次跳箱、30米短跑冲刺。每组结束后恢复2分钟。

沙袋高翻

　　这里所做的调整是用沙袋取代杠铃。但由于沙袋重量更轻，比杠铃更加难以控制，你保持的姿势很快就会受到影响。训练时要将沙袋靠近身体（不要让沙袋从前面掉下来）。

　　不管是将沙袋从地面还是从膝盖附近提起，合理运用髋关节、膝关节和踝关节三个部位的伸展，才能将沙袋举至最高位置。注意保持沙袋紧贴身体。沙袋高翻可分为高翻耸肩和沙袋翻上两个动作，这两个动作停止时沙袋应落在手臂上。沙袋高翻时，应微蹲或半蹲，同时背部挺直，头部抬起。

训练——沙袋高翻

训练1——任意时间循环

任务1：沙袋高翻。

任务2：波比跳（第165页）。

任务3：将沙袋从一侧肩膀移至另一侧。

任务4：沙袋侧跳。

把沙袋提起来，放在肩上，然后扔到地上（每次轮换肩膀）。

按照以上顺序进行17分钟以上训练，每项训练的时长依个人而定。

训练2——混合式沙袋练习

每组1分钟，共10分钟：

5次沙袋高翻，5次沙袋上方屈膝跳；

5次沙袋前蹲（第97页），5次沙袋上方屈膝跳。

恢复：3分钟低强度慢跑。

在6分钟之内尽可能多做以下循环训练：

2次沙袋高翻，将沙袋置于肩膀一侧；

将沙袋置于地面，冲刺30米；

6次波比跳（第165页），冲刺30米；

2次沙袋高翻，将沙袋置于肩膀一侧，

将沙袋置于地面；以此类推。

训练3——爆发性沙袋练习

10组，每组沙袋高翻、沙袋深蹲（第89页）、最大限度地掷远沙袋、最大高度纵跳、30米冲刺跑。恢复2分钟。

不要用时间过长的组次

通过阅读本书，你也许明白了为何在进行高强度训练时要使训练多样化，但你知道为什么要仔细考虑这点吗？因为单一的训练可能会对身体造成伤害。在进行类似高翻挺举和抓举等技术性训练时，若多次重复时间较长的组次会很容易造成身体损伤。你应当记得之前讨论过的，时间较长的组次也可能无效。高翻和抓举复杂的运动模式以及人们对其认知的欠缺，加之进行较长时间的组次训练，身体会产生的大量乳酸，这些都会对肌肉收缩的效果、力量和力量的输出产生消极的影响。

轮胎翻转

截至目前，你应该明白在高强度训练中正确运用训练技巧是非常重要的。不管在训练中高翻挺举和抓举动作有多少变式，你都应该对这些训练做一些自然的、有趣的调整，比如轮胎翻转。这个训练就是使用轮胎进行高翻挺举。

有时，练习者在进行训练时无法控制好背部姿势。结果，他们在屈背状态下做了几十组轮胎翻转的动作。若当前脊椎缺乏支撑不足以引起背部的疼痛，那么练习者也不会关心背部姿势是否正确。遵循以下训练建议，轮胎翻转也能在比较安全的状态下进行。首先，使用重量较轻的轮胎。遵循控制性的标准做几次动作，要比模仿、屈背做动作的效果好得多。

做轮胎翻转，相比于做高翻挺举，双腿间距应当更大，同时降低臀部和膝部位置。

➡ 技术性要点

此运动开始时腿部要弯曲，髋部打开，以避免上翻时，轮胎损伤膝盖。因此，髋关节及踝关节的灵活性在这里就显得至关重要。手臂要直，手指置于轮胎下方。

发力之前，臀部尽可能接近地面，挺直背部（如果不能完全挺直背部，则不建议你做这项运动）。

尽量将重心放在脚跟，但很快重心就会向脚掌移动。

胸部打开，抬起下颌就不会撞到轮胎了，收紧肩胛骨进行第一次推动。第一次推动时，要尽可能高地快速举起轮胎，这样就能呈高翻姿势从轮胎下滑过。与此同时，站起来并将髋部前移，下肢用力推地。此时重心会前移至脚掌。

当接住轮胎时，双脚回放到地面上。可以下蹲三分之一或者用部分前腿深蹲的姿势接住轮胎，同时双腿、双脚要保持平行。

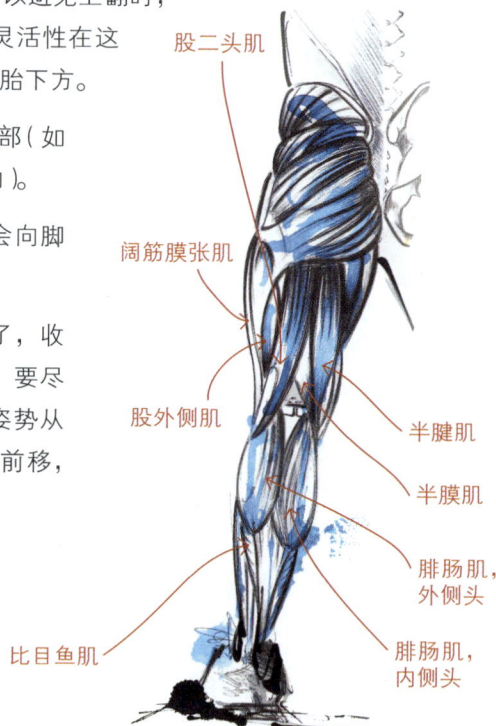

股二头肌
阔筋膜张肌
股外侧肌
比目鱼肌
半腱肌
半膜肌
腓肠肌，外侧头
腓肠肌，内侧头

斜方肌

三角肌

肱二头肌

胸大肌

股直肌

肱桡肌

股外侧肌

股内侧肌

此运动的起始姿势至关重要。你要尽力放低臀部，吸气，将注意力放在下半身。

通常情况下，我们并不关心这些肌肉问题，但背部深层肌肉与背阔肌、斜方肌及大圆肌同样重要。因为背部位置十分关键，所以激活棘肌、髂肋肌和最长肌同样重要。

三角肌

肱三头肌，长头

肱三头肌，外侧头

腹外斜肌

阔筋膜张肌、髂胫束

臀大肌

股二头肌

半腱肌

股外侧肌

椎间盘突出

椎间盘前部像被捏过一样，

里面的物质被挤出。

椎间盘的威胁

　　有些人举重姿势十分正确，但他们依旧会觉得背部疼痛。事实上，如果你感到疼痛，只能控制骨盆向前倾斜、挺直背部与脊柱呈一条线，支撑起周围的肌肉以保护脊柱。为了避免错误训练，在进行深蹲、硬拉、高翻、抓举和立正划船时，==必须强制固定背部位置==，正确使用运动技巧。训练中对身体==危害最严重的是椎间盘突出问题==。椎间盘对脊柱起到保护作用；它们能减震并保持脊柱的稳定性与可移动性。每个椎间盘中间都有"凝胶"，如果挤压椎间盘前部，使得椎间盘后部被打开，=="凝胶"便会被挤压到椎间盘后部==。如果前部压力增大，尤其是末端受到重压，"凝胶"便会被挤出椎间盘。这就会造成椎间盘突出。脊柱错位时，重复性运动也可能引发局部肌肉炎症、椎间盘损伤（迫使其早熟）、关节炎等问题。

错误姿势

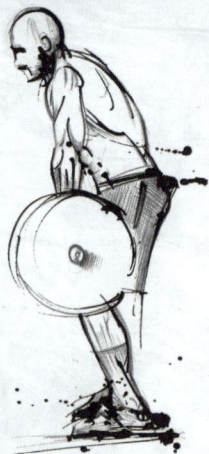

训练——轮胎翻转

训练1——疲劳训练

将下列动作重复进行3组，速度尽量快些：

8次轮胎翻转，20次轮胎跳，15次波比跳（第165页），跑步400米。

训练2——马里奥训练

依次做10次、9次、8次、7次、6次、5次、4次、3次、2次、1次推举（第103页）。

每组接着进行一次轮胎翻转。

1组完成后恢复90秒。

训练3——举重者冲刺训练

完成10组下列动作后，休息3～4分钟：

1次高翻挺举（第34页），1次轮胎翻转，冲刺60米。

抓　举

这项运动要求练习者有很高的技术水平。如果愿意花时间学习训练技巧，这项运动将会让你收获颇丰。抓举分为六个部分。

🔴 **第一部分——起始姿势**

正手（俯身）握住杠铃，双手距离大于肩宽。肩部、膝部及脚尖均位于杠铃杆前方，把杠铃放置在小腿附近。肩部应当刚好位于膝部前方，膝部刚好位于脚尖前方，手臂伸直。双脚踩实地面。双脚间距与髋同宽，脚尖稍微向外。背部与腰椎呈自然曲线，收紧肩胛骨并保持该动作。

宽握

双脚踩实地面，保持重心稳定

背部与腰椎呈自然曲线

🔴 第二部分——首次上拉

像高翻一样，这是首次将杠铃从地面上拉至膝部。在提拉过程中，双臂保持伸直，同时背部保持挺直。驱动力由下肢产生，当你将杠铃从地面拉至膝部时，膝关节会轻微移动，然而腿部仍保持弯曲。此时重心会移至脚掌。

此部分动作会招募到股四头肌、臀肌、腘绳肌，并且脊柱、背部及椎旁肌肉来维持稳定。

首次上拉的速度至关重要

膝盖弯曲程度刚好
能让杠铃通过即可

重心移至脚掌

第三部分——过渡

这部分应尽可能简短，即使它可能比高翻动作持续更长的时间。此部分是为第四部分做准备的阶段。背部要微微挺直，使膝盖再次处于杠铃下方，将杠铃拉至大腿四分之三处。重心从脚掌移至脚跟，最后移至整个脚底。双脚始终踩实地面。

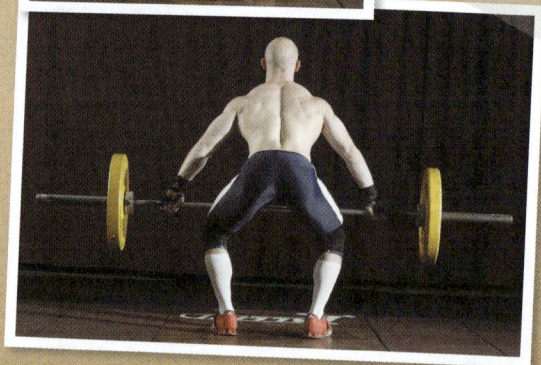

慢速的阶段应当尽量简短

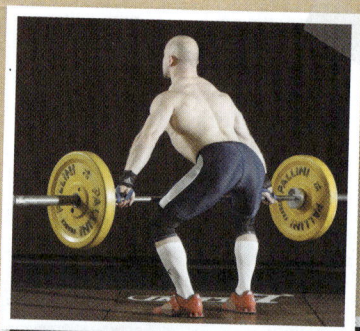

膝部重新与杠铃接触，为下次移动做准备

双脚始终踩实地面

➔ 第四部分——再次上拉

　　与首次上拉一样，这个动作由腿部的大力推动力，导致髋关节、膝关节和踝关节同时伸展。该动作最后阶段，以上三个部位呈一条直线。这个动作会拉动杠铃上移，在举起杠铃之前，帮助双臂上拉杠铃（抬起肩膀及屈曲肘部）。此时，杠铃的垂直高度就十分重要了（杠铃应当尽量贴近身体）。此部分需要身体大部分肌肉参与发力，事实上整个身体都在发挥作用以支撑大肌群的运动。

再次上拉——三步之步骤一

一旦杠铃高过膝部，你就可以准备再次提速了！

即使是在此阶段，下肢依旧在为髋关节伸展提供动力。

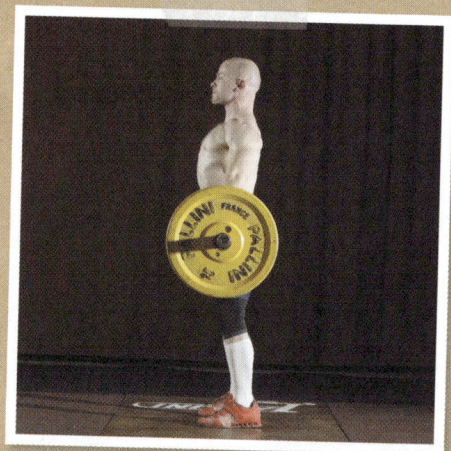

再次上拉——三步之步骤二

肩背肌群也为双臂
的运动做准备。

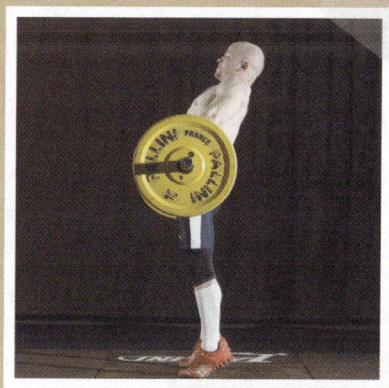

肩背肌群的
发力加快了上拉
杠铃的速度。

此时，髋关节、膝
关节及踝关节完全舒展
开来。

再次上拉——三步之步骤三

髋关节、膝关节和踝关节的舒展并不意味着背部要过度延伸；也不要增加背部弯曲程度。

再次上拉的最后状态中，肘部是弯曲的。

在举起杠铃之前，你可以根据杠铃的重量，在一定程度上举起手肘。

三角肌

肱三头肌，
外侧头

斜方肌

背阔肌

肱三头肌，
内侧头

背深层肌

肱三头肌，
长头

臀大肌

大收肌

臀中肌

股薄肌

大转子

股外侧肌

股二头肌

半腱肌

半膜肌

腓肠肌

比目鱼肌

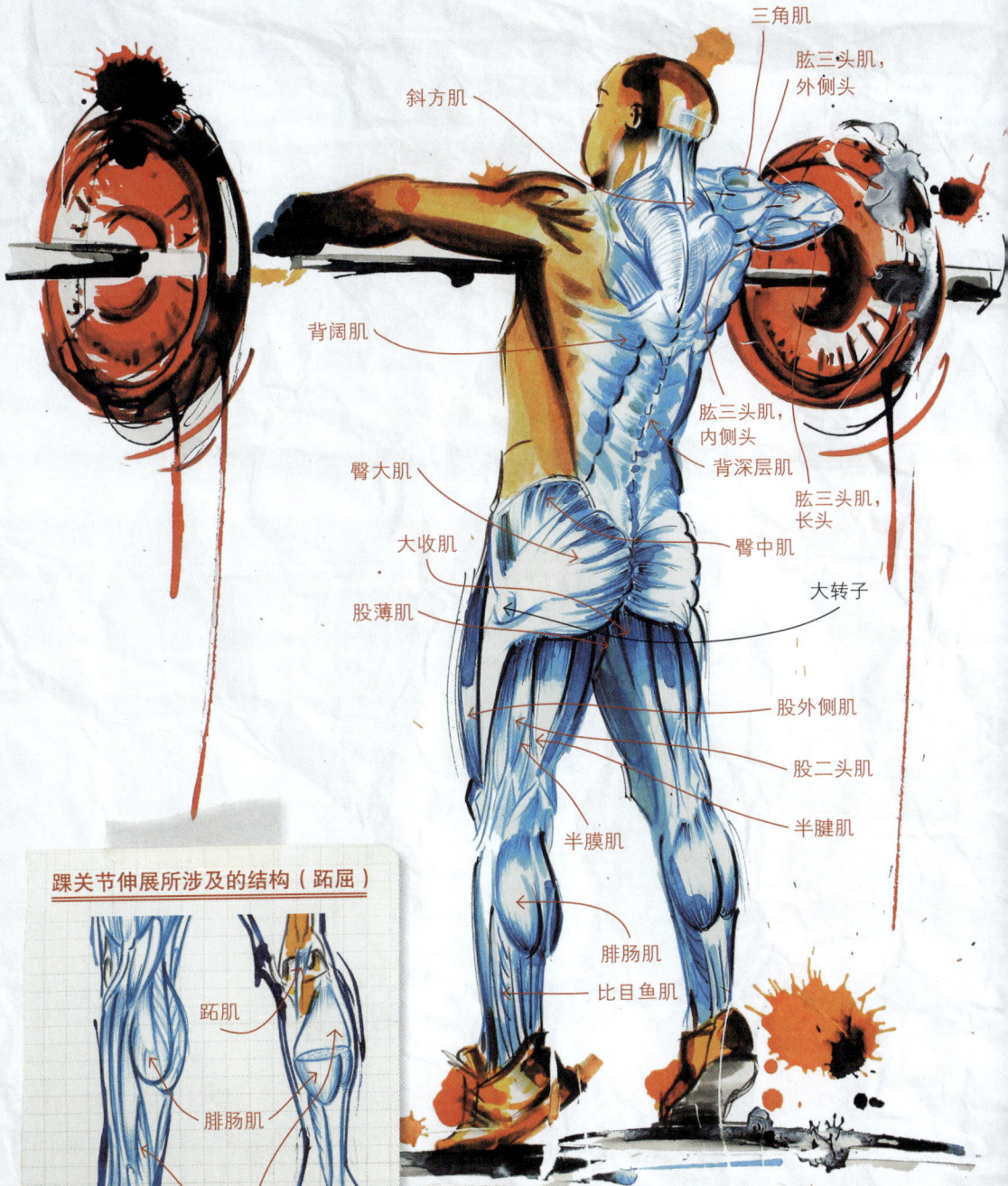

踝关节伸展所涉及的结构（跖屈）

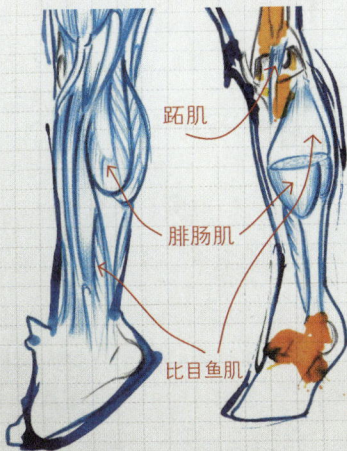

跖肌

腓肠肌

比目鱼肌

斜方肌

三角肌

肱三头肌

大圆肌

菱形肌　背阔肌

臀大肌

大收肌

股二头肌

半腱肌

腓肠肌

→ 第五部分——身体滑至杠铃下方

在髋关节、膝关节、踝关节三部位伸展的最后阶段，整个身体的伸展状态可以让你跳起并滑至杠铃底部。当杠铃在头顶上方时，你可以向它施加推力，使身体向下，然后趁着屈腿之时，身体尽快滑至杠铃下方。在跳跃至杠铃下方的同时，将

双脚分开以增强稳定性。伸直手臂抓住杠铃，头部微微低下。你可以通过腹部肌肉、脊柱和腘绳肌来保持骨盆稳定。

腹部肌肉和椎旁肌肉对支撑身体起到了积极作用。肩部、背部肌肉保持上背部及肩部的稳定。

三角肌

肱二头肌

肱三头肌

胸大肌

背阔肌

腹外斜肌

腹直肌

髂腰肌

股内侧肌

股外侧肌

股直肌

耻骨肌

缝匠肌

长收肌

大收肌

股薄肌

→ 第六部分——站起来并稳定身体

在最后一部分，双腿必须站直，将双脚收回至起始姿势，同时双臂伸直，将杠铃移至头后。当然，背部要挺直，且目光集中在地面的一个位置。不要放松对身体，特别是上背部和肩部的控制。在完全直立和平衡的状态下，才能将杠铃放下。

保持身体稳定

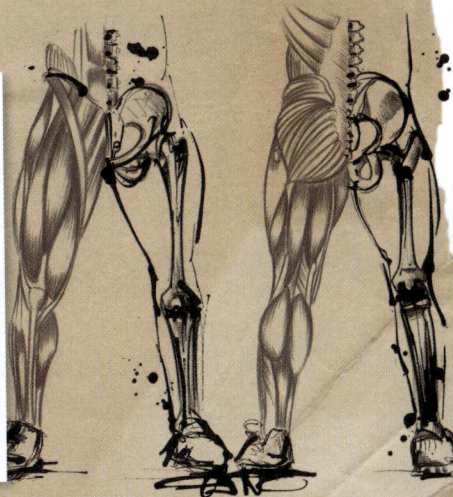

肩部的复杂性

为了更好地了解肩部，你需要了解其复杂性。肩部脆弱、易变、适应性强，很容易受伤。更糟糕的是，肩关节炎症和损伤会通过肋骨和椎骨蔓延到邻近部位。因此运动时应当优先考虑保护肩部。如果你不确定所做运动是否重要或者你不知道是否使用了正确的方式，就不要重复进行该运动了。

关于肩部冲击

锁骨

肩胛骨

肩峰

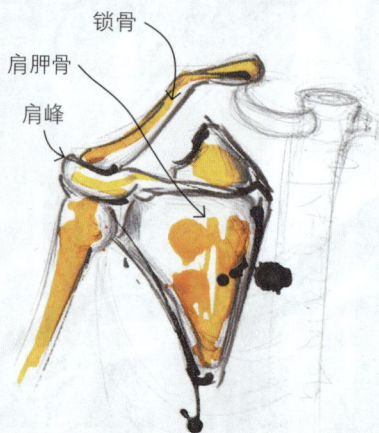

肩袖：一个敏感的区域

肩袖在很多情况下可能会受到损伤。发生意外可能会造成肩袖损伤，但肩袖损伤通常是由于肩部长期处于不当位置，且进行重复运动，引起广泛的炎症。当关节盂处于不协调状态，且肩部进行不当运动时，肱骨头会产生移动，对关节盂造成冲击。

冲击越强，动作重复次数越多，肩袖肌肉炎症就越严重。

事实上，肩袖的肌腱在关节盂与肱骨头之间穿过，因此当肌腱处于关节表面与骨头之间时会受到挤压。关节盂由肩峰、肩锁关节和喙肩韧带组成。肩袖由冈上肌、冈下肌、小圆肌、肩胛下肌共同组成。

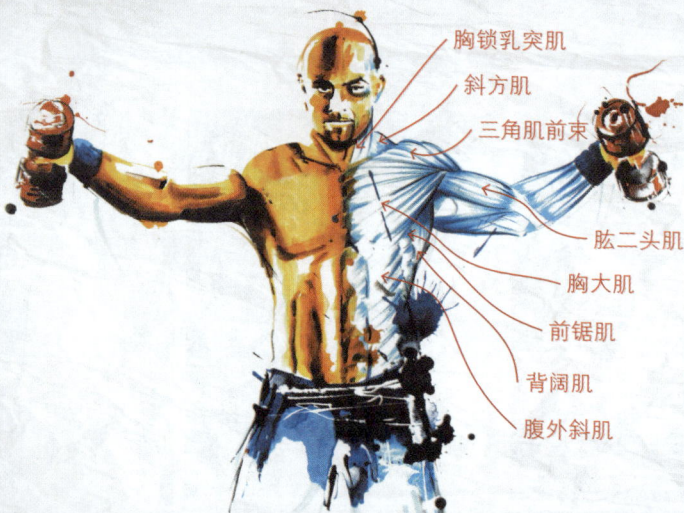

胸锁乳突肌
斜方肌
三角肌前束
肱二头肌
胸大肌
前锯肌
背阔肌
腹外斜肌

弱小的肩韧带

前面已经讨论过那些为肩部提供力量、保护肩部的脆弱肌肉了。这些肌肉之下还隐藏着许许多多的韧带，如果姿势不对，很容易损伤这些韧带！因此，不要在技术上让步。

实际上，肩部冲击发生在运动结束时，产生的疼痛会干扰运动的进行。这是剧烈、重复使用关节的结果。这是生理缺陷导致骨头与一个或多个肌腱或液囊之间产生摩擦和剪切运动造成的。定期进行错误的训练，练习者会承受肩部冲击且遭受潜在创伤。细节就不再多说，我们主要突出重点方面。

侧举

一般通过哑铃（或弹力带）动态侧举以增强内侧三角肌（看图中错误示范）。许多初学者都会犯一些技术上的错误，如果不加以改正，难免会造成损伤。正确的姿势应当是运动结束时，肘部与肩同高。肘部要尽可能引导手臂的角度和高度，而非腕部的角度和高度。这样有利于促进手臂内旋，激活斜方肌。

高拉

另一种会导致肩部遭受肩峰下撞击的例子便是高拉。高拉常出现在直立划船或技术性、半技术性肩部运动中。更常见的是，练习者在进行高强度训练时，经常会犯一些技术上的错误，无论是在高翻还是壶铃划船训练中。

这种错误是不被接受的，且必须立刻进行改正。

肩部冲击普及

肱骨向前滑动

卧推

做胸大肌卧推训练时，无论是哑铃卧推还是传统杠铃卧推，如果姿势错误，会危害肱骨头的稳定性。通常情况下，卧推爱好者偏爱使用较宽的卧推凳以获得更高的稳定性和更宽的握距。将重量放低至胸部，肩胛骨会贴近卧推凳。胸肌的缩短会迫使肱骨头前移至关节盂，与此同时，肱骨需要在关节盂进行更大范围的活动，这种前移会导致肩前内侧疼痛。

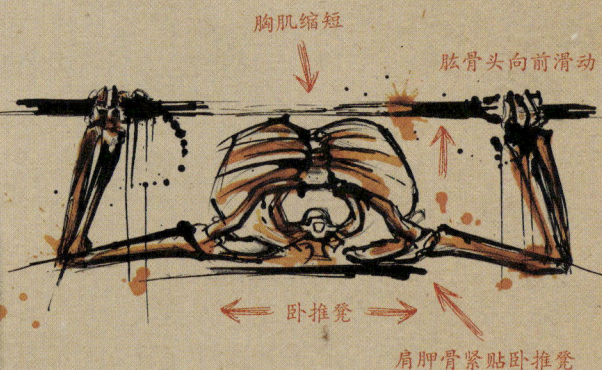

胸肌缩短

肱骨头向前滑动

卧推凳

肩胛骨紧贴卧推凳

解剖学意义上正确的卧推姿势

在这种情况下，掌握卧推的基础技巧且采取一些预防性措施将减少受伤的风险。使用较窄的卧推凳及窄握的姿势，不要使用最重的重量，这样才有可能使这个训练在解剖学上更加舒适。如果你正在使用哑铃进行锻炼，只要减小移动范围，就会限制胸肌缩短，削弱其对肱骨头前移的影响。

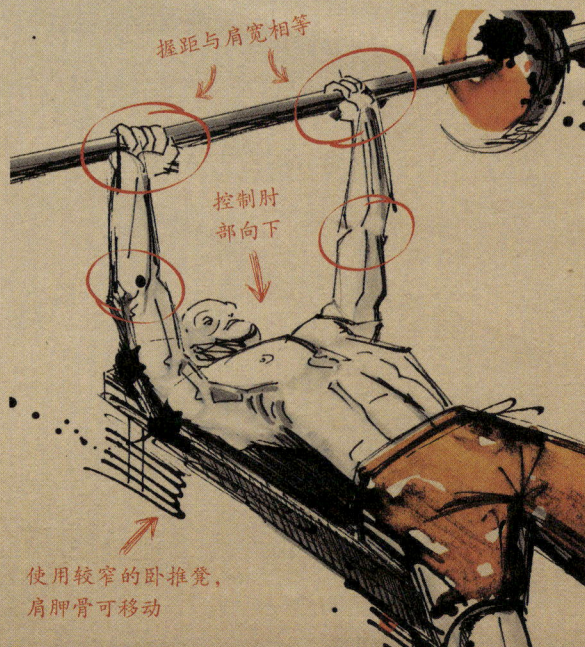

握距与肩宽相等

控制肘部向下

使用较窄的卧推凳，肩胛骨可移动

训练——抓举

训练1——波比跳抓举

以下动作完成10组，每分钟开始1次：

3次自大腿四分之三处抓举；

6次波比跳（第165页）；

休息4分钟；

3次，每次跑步1分钟，尽量多跑一点距离；

恢复2分钟，尽量进行积极性恢复。

训练2——持续发力

1次抓举，1次过顶深蹲（第100页）。

每分钟1次，共15分钟。

然后以下每个动作尽可能快地做10次、8次、6次、4次、2次：

深蹲（第89页），波比跳（第165页）。

训练3——各方向下拉

做3组，每组做5次，接着做3组深蹲（第89页），每组做3次。

在12分钟内尽可能多做：10次自大腿处抓举，10次引体向上（第143页）。

壶铃训练

举重训练也可使用壶铃进行。使用常规杠铃有多少变化动作，使用壶铃几乎就能有多少变化动作。这里只讨论在进行抓举和高翻训练时的技巧。

- -

➡ 壶铃抓举

你可以使用壶铃进行单手训练。进行壶铃抓举而非杠铃抓举的原因是可以分别进行左右侧的训练。训练开始时，先将双腿弯曲，背部挺直，挺胸。非训练手臂可以随意放置，也可以放在同侧膝盖上。当身体上抬，第一次垂直拉起壶铃时，准备进行髋关节、膝关节、踝关节的伸展。

在整个过程中，壶铃要尽量贴近身体。将重心置于脚掌。上抬肘部持续提拉壶铃。再次提拉壶铃至头顶上方，伸直手臂。

手部完全伸入手柄，壶铃会被拇指挡住。

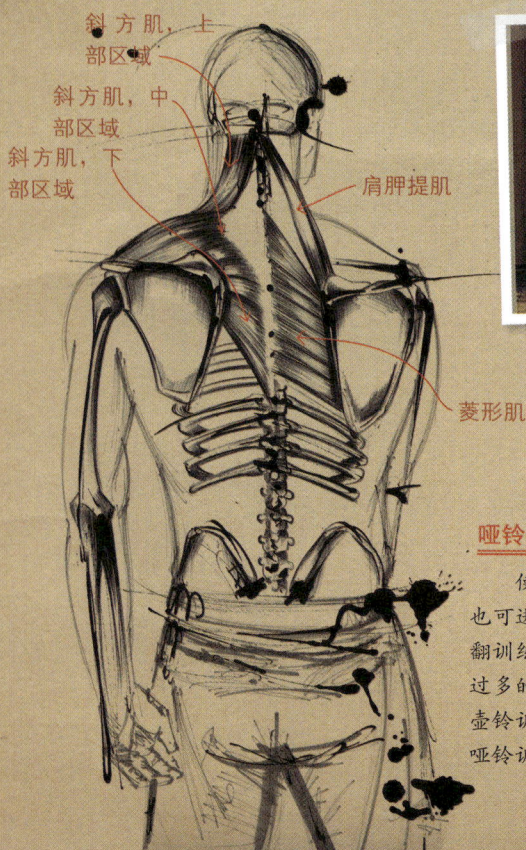

斜方肌，上部区域

斜方肌，中部区域

斜方肌，下部区域

肩胛提肌

菱形肌

哑铃抓举及高翻

使用常规哑铃也可进行抓举及高翻训练，这不需要过多的技术。因此壶铃训练也可换成哑铃训练。

训练——壶铃抓举

训练1——科罗拉多跳

以尽可能快的速度完成5组以下训练：

跑步400米；

20次自重深蹲（第89页）；

单臂依次进行10次轻壶铃抓举。

训练2——腿部及肩部训练

以尽可能快的速度完成3轮以下训练：

4组深蹲（第89页），每组5次；

右臂做5次壶铃抓举；

纵劈叉姿势，双臂壶铃挺举5次；

左臂做5次壶铃抓举；

纵劈叉姿势，双臂壶铃挺举5次；

单杠举腿触杠20次（使用引体向上单杠）（第185页）；

跑步200米。

训练3——愤怒的亚马孙

每分钟完成一轮以下训练，持续17分钟：

4次交替壶铃俯卧撑；

单臂依次进行4次壶铃抓举；

4次双臂壶铃推举。

➡ 壶铃高翻

　　正如壶铃抓举，可利用1个或2个壶铃进行壶铃高翻。由于无法将手伸入手柄来控制壶铃，你需要弯曲手臂（双臂），将壶铃静置于肩膀之上。在壶铃接触肩膀之前，要谨慎地放慢速度（避免受伤），通过紧紧压住壶铃手柄，让壶铃停止转动。

　　开始时，你可以将壶铃置于地面或挡板之上。与杠铃高翻一样，该运动开始时腿部会提供强大推力，驱动髋关节、膝关节、踝关节伸展。当重心前移时，仍要保持背部挺直。肩背肌群发力及随后的肘部弯曲会促使壶铃向上运动，身体顺势滑至壶铃之下。

　　壶铃高翻与杠铃高翻的不同之处：在进行上拉时，你要旋转壶铃，因此手握的方式要从上握变为下握，这样才能让壶铃停在肩膀上。壶铃静止后，你处于微蹲姿势，准备进行下一次运动。尽管这里的壶铃高度并不像在抓举中的高度那么重要，但是仍然不可以让壶铃甩出去。

　　壶铃高翻之后还可以做壶铃挺举。做该动作的技术细节与经典的举重训练一样。

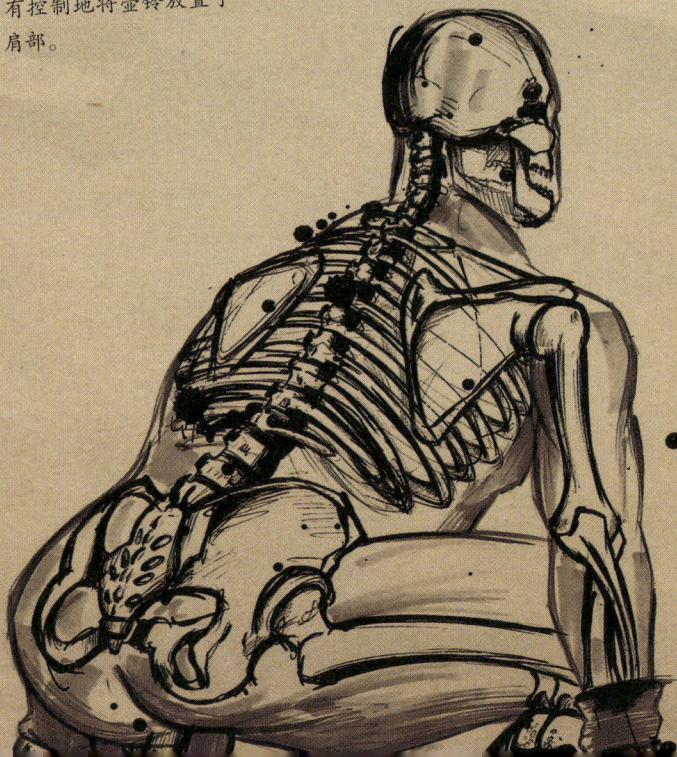

技术要点

—踝关节伸展。

—肩背肌群发力。

—适当的壶铃轨迹。

—背部挺直。

—有控制地将壶铃放置于
　肩部。

肩部损伤

如果不认真对待肩部损伤，肩部炎症会蔓延到肩部所有肌肉

①

要记住肩部具有多向灵活性。但这种多向灵活性是以牺牲稳定性和力量为代价的。事实上，肱骨位于关节盂之内，就像一个球体位于洞穴之中。肱骨能保持在其位置多亏了复杂而脆弱的肌肉与肌腱组织。只要肌肉与肌腱组织足够强壮、灵敏，就能保护肩部。

大多数肩部损伤是由于运动时过度使用三角肌。这样的运动迫使肩袖和肌腱发挥比它们本身更大的力量。其造成的首要损伤就是慢性炎症，这会影响肩袖肌群。如果不认真对待关节疲劳，将会引发严重扭伤。对于易动的关节，要谨慎选择负荷。进行持续时间较长的组次的高翻训练可能会导致肩部肌肉和肌腱过度疲劳，关节控制力下降，从而造成损伤。

②

进行高翻时就有一个典型的例子：冈上肌肌腱会被肱骨头及关节顶部所挤压，关节顶部由肩峰下表面和喙肩韧带组成。炎症通常产生于囊中（囊可保护冈上肌免受过多摩擦），然后发展到冈上肌、冈下肌和肱二头肌。最后，整个肩袖都会存在炎症，仅仅抬手臂都会感到非常疼痛。如果忽略疼痛，继续重复运动，可能会导致钙化和撕裂，这会造成肩部无法挽回的损伤。

无论怎样，请记住，疼痛都是无法接受的。

－在开始一项训练时，由于僵硬形成的限制应该使你意识到问题。然后，你应该先进行一些拉伸运动。如果还没有改善，就该调整训练计划了。

③

－之前你从未经历过的疼痛加上限制性的因素会直接导致训练计划的改变。这时，你可以从多种运动中选择，找到不会对你造成损伤的运动。至少在等炎症减轻的过程中，要从不同的角度进行训练。

－进行训练时，如果发生了损伤，就要反思是不是哪里做错了以及需要做什么改变才能避免这种情况再次发生。

－进行复杂训练时不宜采用持续时间过长的组次，因为疲劳会干扰运动模式。进行复杂训练时要采用持续时间较短的组次；简单技术的训练可以在持续时间较长的组次中进行。要记住某些关节，如肩关节，不可以进行持续时间较长的组次的训练，因为这可能会造成潜在损伤。

如果正经受疼痛或慢性不适，请调整你的训练计划

肩袖肌群前视图

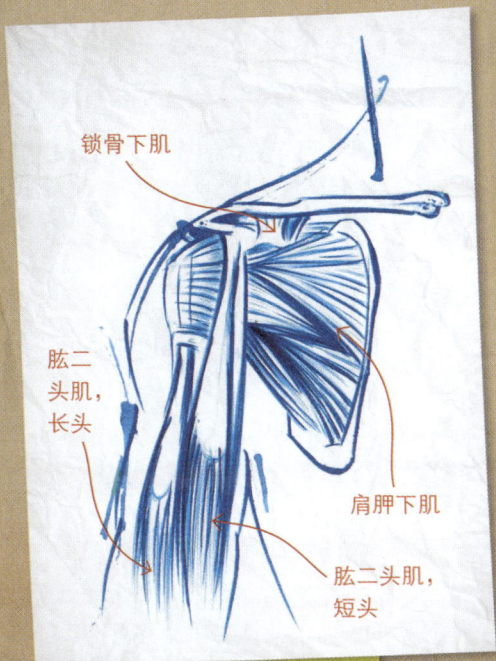

锁骨下肌

肱二头肌，长头

肩胛下肌

肱二头肌，短头

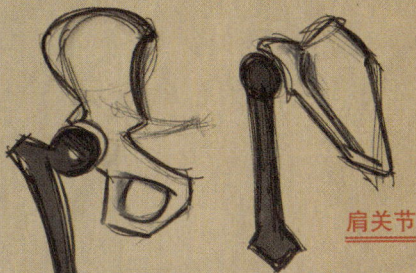

髋关节

肩关节

　　为了理解肩关节的复杂性及脆弱性，可以将其与较为稳定的髋关节做比较。==肩关节灵活性有多强，就有多脆弱。==肩关节非常灵活，可以多角度转动，但这并不意味着你就能一直重复运动或者做一些幅度很大的动作。

肩袖肌群后视图

这张图展示了肩峰、喙突和关节盂

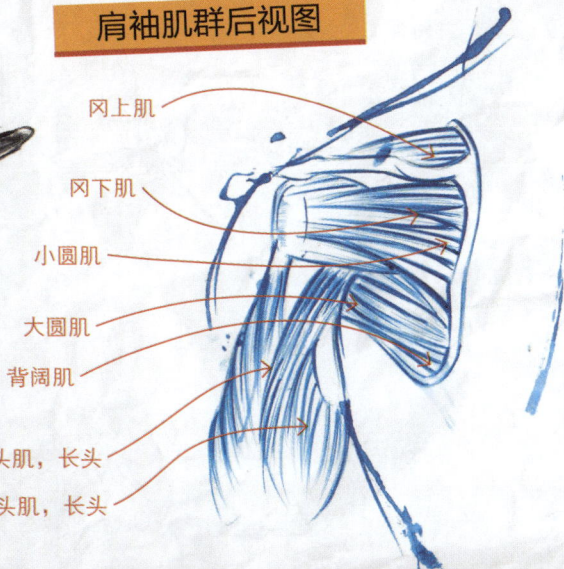

冈上肌

冈下肌

小圆肌

大圆肌

背阔肌

肱三头肌，长头

肱二头肌，长头

（注：肩袖肌群包括冈上肌、冈下肌、小圆肌和肩胛下肌，原图中未展示肩胛下肌）

训练——壶铃高翻

训练1——疯狂跑步

25分钟之内尽可能多做以下训练：

跑步800米，20次波比跳（第165页），14次壶铃高翻。

训练2——七个雇佣兵

完成7组以下训练，最长恢复时间为3分钟：

50米前弓步（第140页），15次屈膝跳，9次壶铃高翻。

训练3——杰克大哥

每分钟完成1组以下训练，共17分钟：

双手壶铃高翻，3次完全深蹲（第89页），3次推举（第103页），
3次无壶铃屈膝跳。

俯身划船

俯身划船可使用杠铃，或1～2个哑铃，或1～2个壶铃。这种举重训练能够加强后链肌群的肌力。

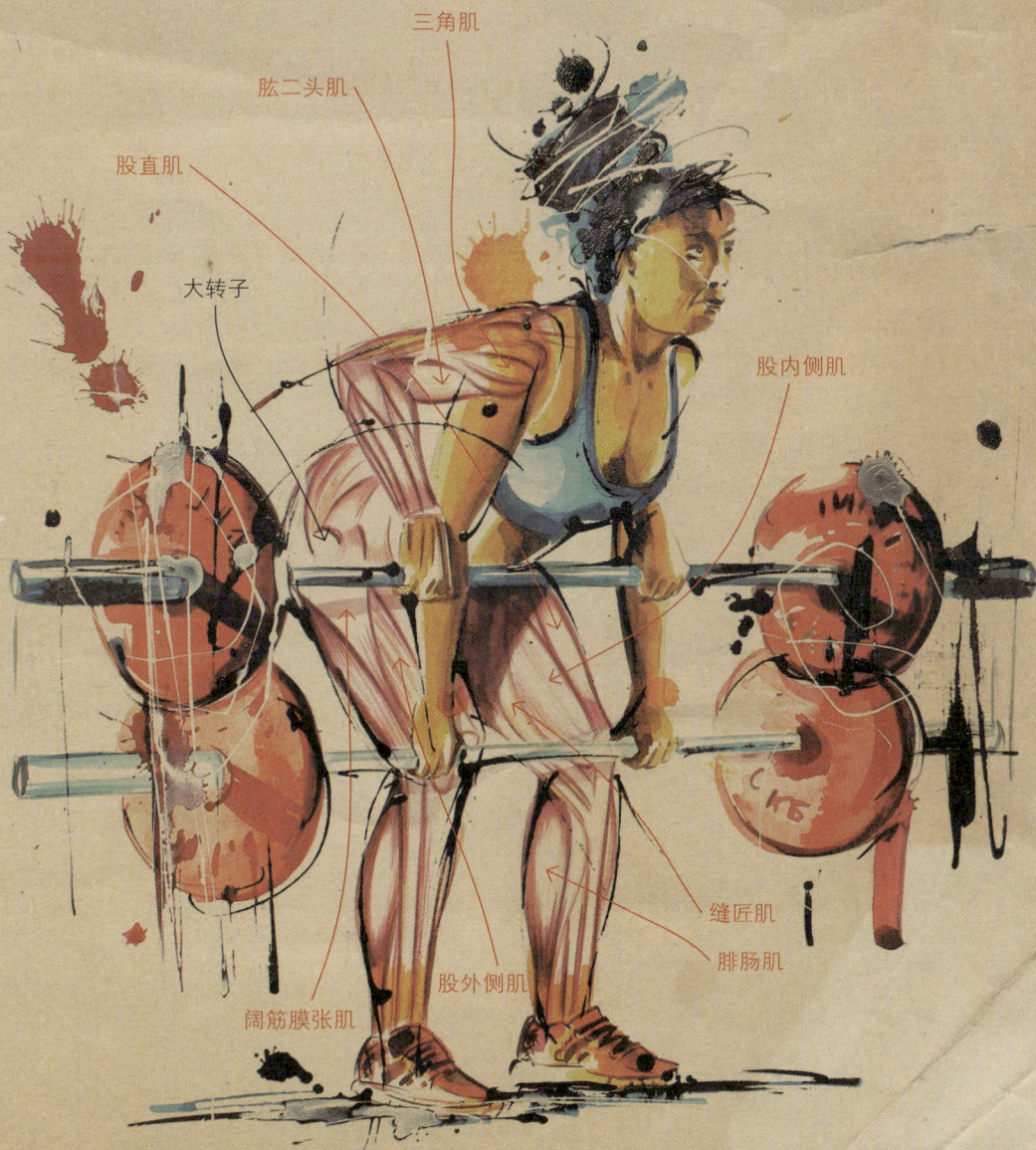

三角肌

肱二头肌

股直肌

大转子

股内侧肌

缝匠肌

腓肠肌

股外侧肌

阔筋膜张肌

拉力训练中涉及了众多肌肉，包括背阔肌、竖脊肌、大圆肌、小圆肌、冈下肌、菱形肌和斜方肌等。

下拉动作是由抓握与手臂弯曲时所使用的手臂肌肉和肩部肌肉所完成的。

由于练习者在高强度训练中可能进行了大量的下拉训练，所以其背部肌肉可能已经十分发达了。同时，因为这些训练集中于身体整体的运动且方法比较传统，所以如果技术不够精湛，可能会导致无法激活深层肌肉。对于初学者，这些训练能够提升运动表现，更是需要考虑的重要因素。

在进行核心训练（第182页）和调整姿势时也要考虑这些因素。

因此，在进行下拉之前，你要确保脊柱在伸展时是笔直的。这样的姿势意味着你不会弓背，并且胸部挺起，肩胛骨收拢，肩膀后拉。

菱形肌的最后活动有助于保持恰当的姿势并最大限度地激活斜方肌中束。

把杠铃从地面提起的运动（硬拉、高翻、抓举等）或将杠铃悬停于头部上方的运动都要运用背部的深层肌肉

大圆肌及背阔肌运动

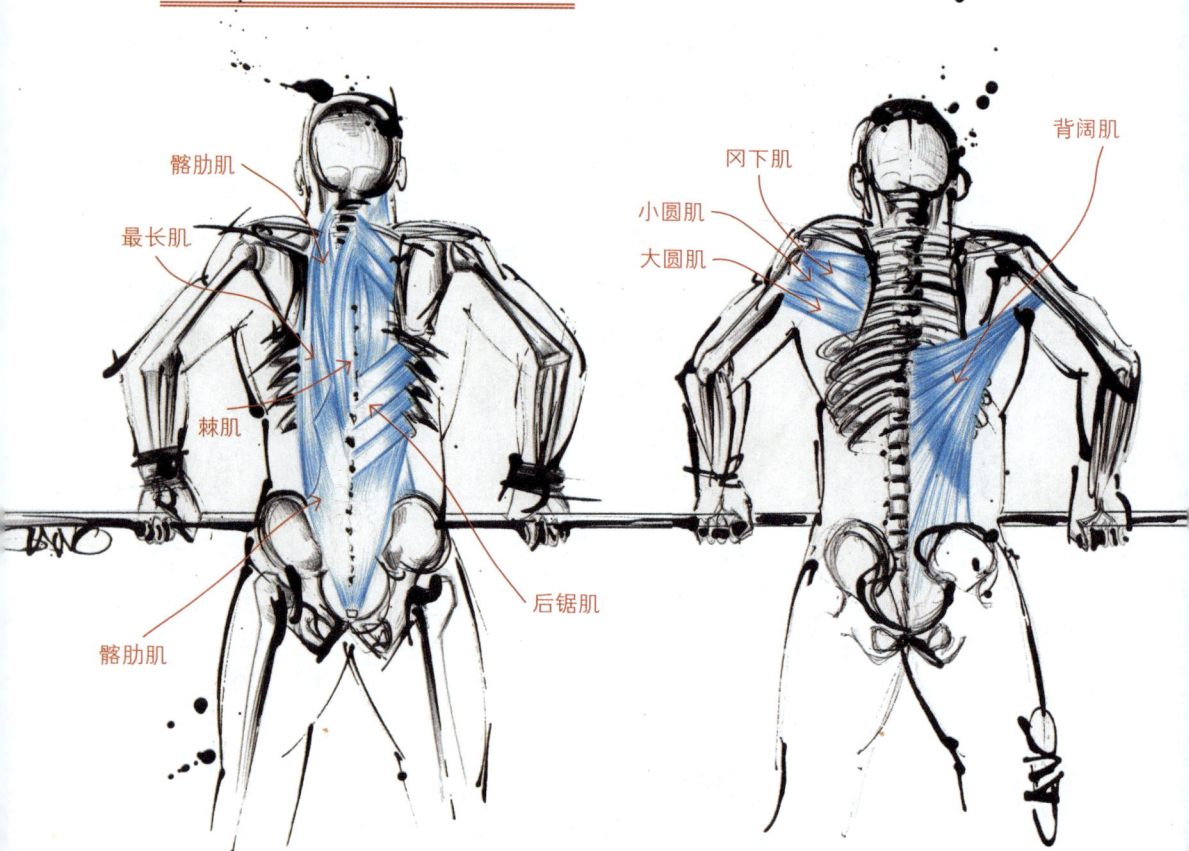

髂肋肌

最长肌

棘肌

髂肋肌

后锯肌

冈下肌

小圆肌

大圆肌

背阔肌

斜方肌

　　任何下拉运动都涉及复杂的肌肉链，这不仅包括不同关节的肌肉，还包括多个肌肉层。不要忽略那些隐秘的肌肉。

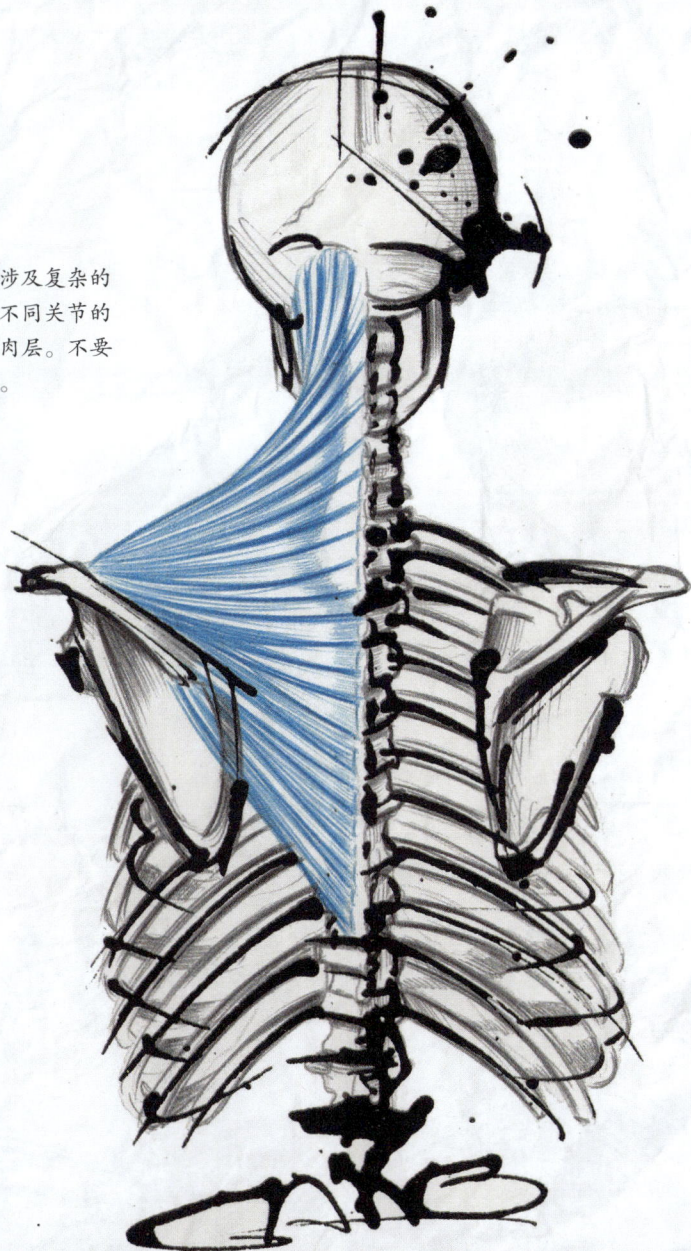

重要性

只有在与握力相关的肌肉发达的情况下，才有可能进行完整有效的拉力运动。因此可以考虑在锻炼结束后增加额外的训练。

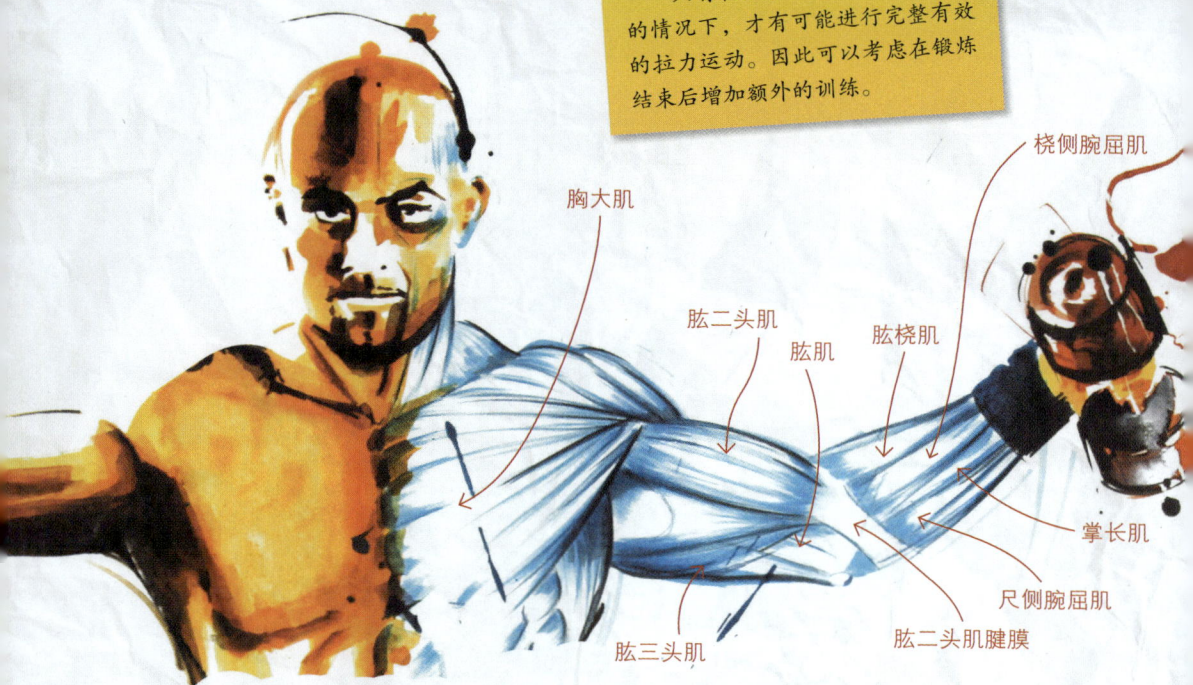

桡侧腕屈肌

胸大肌

肱二头肌

肱肌

肱桡肌

掌长肌

尺侧腕屈肌

肱三头肌

肱二头肌腱膜

记住：所有拉力动作都要挤压肩胛骨，调动菱形肌。

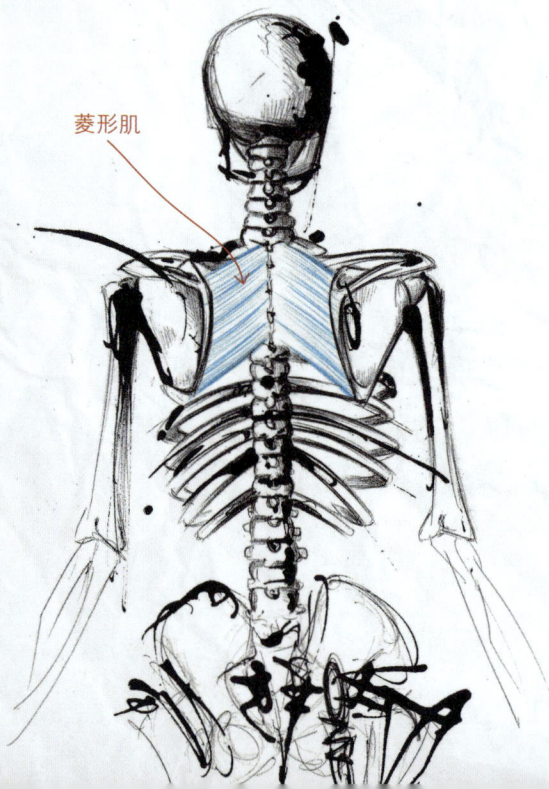

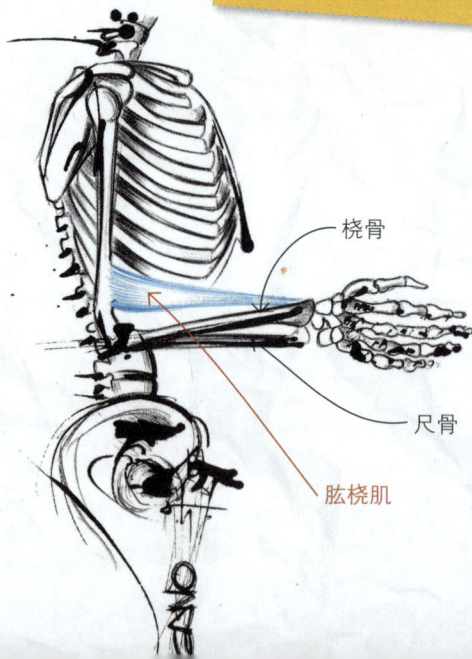

菱形肌

桡骨

尺骨

肱桡肌

这个训练也可以利用哑铃或壶铃进行，这种情况下你需要微微前倾身体，并使用中立位握法（整个运动过程中都可以对握姿进行调整）。你也可以将重物拉至更高处，此时双手位于身体侧面。使用哑铃或壶铃进行训练时用到的肌肉与使用杠铃时用到的略有不同。

技术要点

在膝部微微弯曲的同时身体前倾，使身体与地面成90～145度。握杠时手臂伸直，头部位于中间位置，与脊柱成一条直线。准备收紧肩胛骨，肩膀后收，进行上拉。将杠铃提至腹部高度，再恢复至起始姿势。

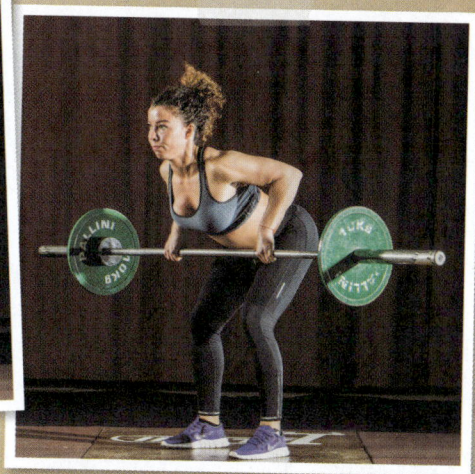

训练——俯身划船

训练1——大酒瓶

4组，每组中间进行3分钟积极性恢复：

跑步400米，20次屈膝波比跳（第165页），15次俯身划船。

训练2——V字人

5组，每组5次深蹲（第89页）。

12分钟内尽可能多做几组以下训练：

8次挺举（第47页），8次俯卧撑（第158页），8次俯身划船。

训练3——功能性强化

5组，每组中间恢复2分钟：

5次重量较大的俯身划船，恢复10秒；5次击掌引体向上（第148页），恢复2分钟；6次引体向上（第143页）。

最后，在2分钟内完成25次最大负重引体向上（第143页）。

基础运动练习

✖ 深蹲

　　深蹲可分为盎格鲁-撒克逊深蹲和地中海深蹲两种，这两种分类形式存在了30多年。关于深蹲主要存在两种思想流派：一种是力量运动派，他们认为如果不进行深蹲，就起不到锻炼身体的作用；另一种是谨慎的练习者，他们深知众多替代性方法，在训练时更喜欢限制深蹲的次数（尤其是完全深蹲）。总之，任何种类的深蹲都有自己的特点。

- -

不同类型的深蹲

　　首要争论点依然是术语方面。为了让事情更简单化，我们来比较一下半蹲与全蹲。事实上，更深层次的讨论通常会揭露全蹲与其他类型深蹲之间的差异。

　　总而言之，人们只是将半蹲与全蹲做理论上的比较，实际运动时却是微蹲与半蹲做比较。深蹲是一种连续性运动，练习者可以完成不同程度的深蹲。

　　为了确保本书术语一致，将不同的深蹲用定义加以区分，从而避免重复地解释。

- ⮕ **完全深蹲：** 练习者在关节移动范围内尽可能下蹲，直至骨盆向后倾斜为止。下蹲要足够低，直到腘绳肌接触小腿。

- ⮕ **加强深蹲：** 练习者下蹲到大腿与地面平行（平行深蹲），甚至更低。

- ⮕ **半蹲：** 膝关节弯曲90度与大腿处于水平位置之间的任何运动。

- ⮕ **部分深蹲：** 指任何膝关节弯曲的角度小于90度的深蹲。

　　这四种深蹲的要求与调整并不相同。通过区分这些深蹲，我们也对争论做了清楚的解释。

完全深蹲　　加强深蹲　　半蹲

深蹲常被称为股四头肌的"杀手"。但别忘了臀部肌肉和腘绳肌也发挥着重要的影响作用!

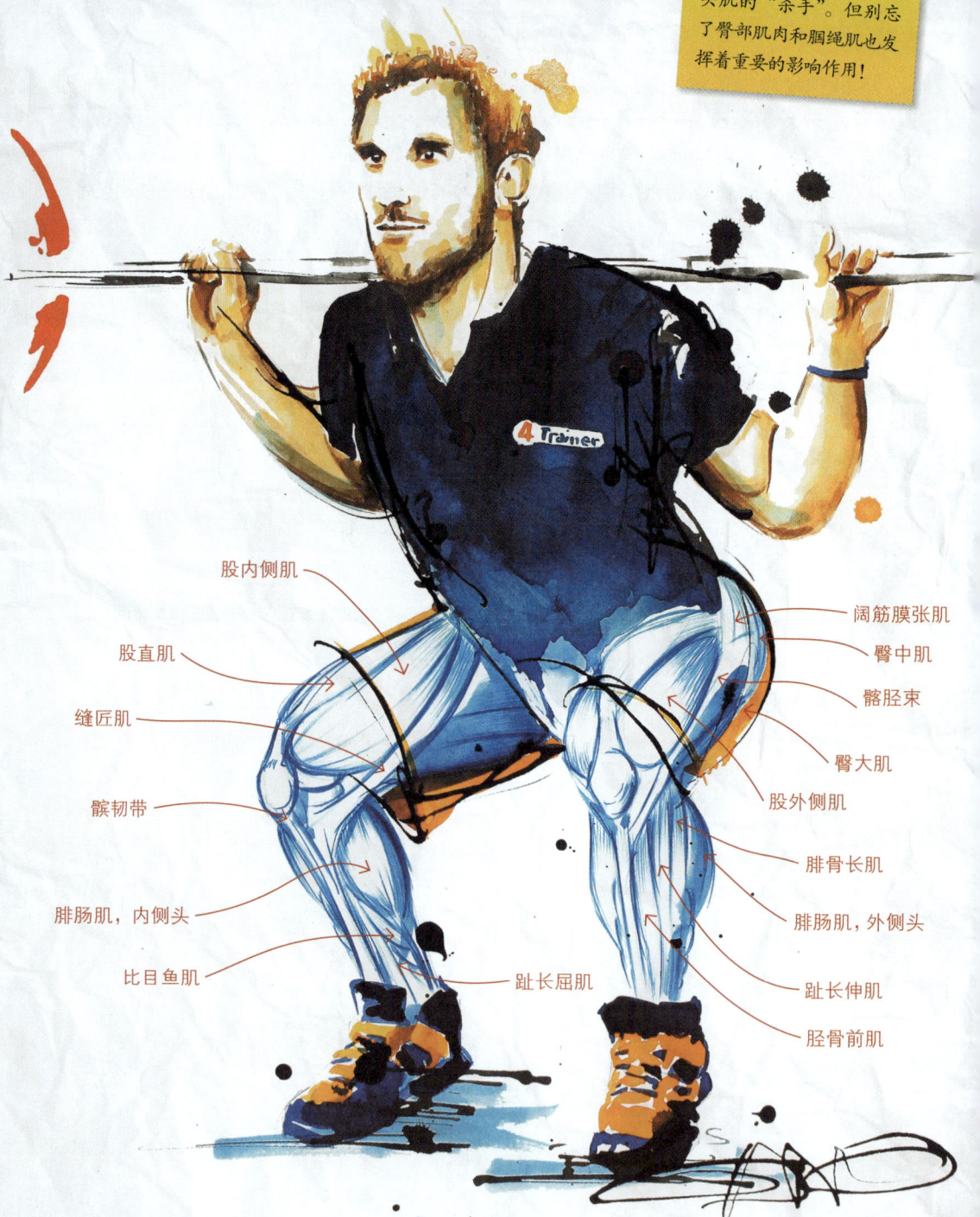

股内侧肌

股直肌

缝匠肌

髌韧带

腓肠肌,内侧头

比目鱼肌

趾长屈肌

阔筋膜张肌

臀中肌

髂胫束

臀大肌

股外侧肌

腓骨长肌

腓肠肌,外侧头

趾长伸肌

胫骨前肌

解剖提示

任何形式的下蹲都会有超过250块肌肉参与，主要有股四头肌（股外侧肌、股直肌、股中间肌和股内侧肌）、臀部肌肉（臀小肌、臀中肌、臀大肌、阔筋膜张肌）以及脊柱肌肉，以及有助于保持身体稳定性的肌肉，如腘绳肌（半腱肌、半膜肌和股二头肌长头）和其他腿部肌肉［小腿三头肌（腓肠肌和比目鱼肌）、胫骨前肌、趾长伸肌、腓骨长肌和腓骨短肌］。最后，要记住腰腹部是提供核心支撑和保持平衡的重要部位。

深蹲时下蹲多少合适

做深蹲运动时，无论是出于安全考虑还是运动表现考虑，下蹲的程度都是一个充满争议的话题。在大多数情况下，真正的问题并非杠铃的重量而是杠铃抬起的高度。

见下方
图片→

在这种情况下，利用解剖观察会起到一定的作用。人体天生（甚至可以说是经过优化的）为下蹲而设计。因此，所有人都将深蹲看作休息的姿势。

为了保持膝部、踝部或髋部的健康，没有任何理由拒绝做深蹲。2001年，塞勒姆和鲍尔斯坚信膝部所承受的压力在做全蹲、半蹲和微蹲时是不会产生变化的。

当外部垂直载荷（甚至是体重增长时的内部载荷）增加时，问题就变得更加复杂了。在这种情况下，可能会出现两个问题，需要进行监测。

重量作用于脊柱，尤其是在椎间盘处产生垂直压力。人体可以下蹲成蹲姿，但没有必要承受3倍于自身的重量。虽然使用较重的重量可以促进训练进步，但也可以采用其他方式加大训练强度，没必要使用不合理的杠铃重量。

骨盆的位置会因为每个人身体结构的不同而处于不同角度。骨盆除了往后倾斜并无其他移动轨迹，这使脊柱前转。

比较流行的措施是劝告练习者，骨盆这样的倾斜是不正确的，也不应该发生。但只要保持腰部自然弯曲，膝盖与脚趾朝向一致，深蹲是毫无问题的。因此，抛弃深蹲完全没有必要。相反，实际的弹性极限（下蹲深度）取决于个人。当练习者无法控制髋关节和膝关节的轨迹时，就达到了个人的极限。

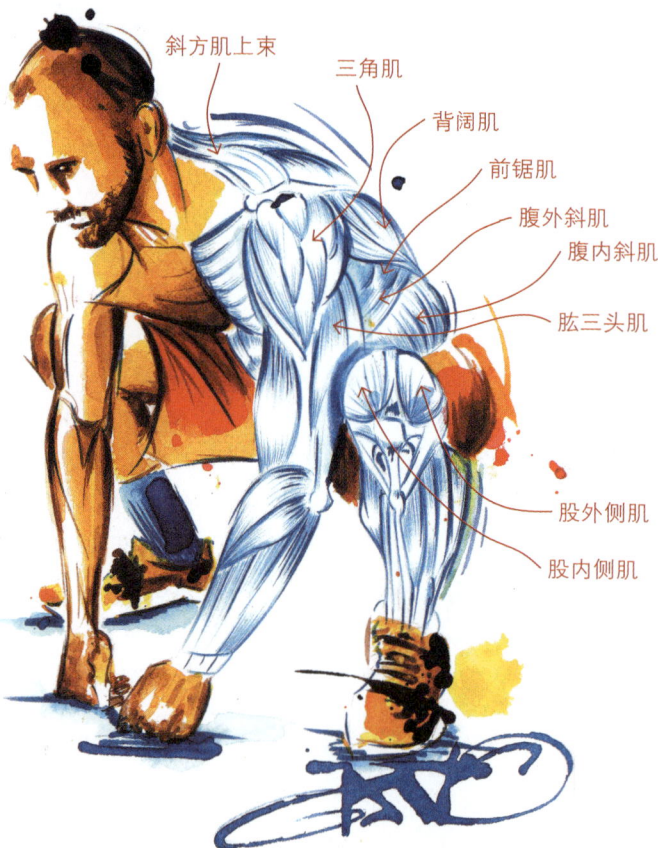

斜方肌上束
三角肌
背阔肌
前锯肌
腹外斜肌
腹内斜肌
肱三头肌
股外侧肌
股内侧肌

深蹲姿势是通用的休息姿势

关于深蹲的错误观点

要从语义学和解剖学方面澄清关于深蹲的争论，面临着一个普遍的观点，那便是深蹲越深越危险。

一些研究小组针对这种观点做了一些实验，但至今仍缺乏严谨的研究可以证明与半蹲相比，全蹲受伤的风险更大或效果更差。

尽管如此，许多教练和练习者都认为，从总体上来说，部分深蹲要比加强深蹲更加安全。因为如果蹲得不够低，那承受的杠铃的重量就会相对减轻。但在半蹲的情况下取得进步无异于拆东墙补西墙：让膝盖免受压力，但却将压力转移至脊柱，这样其实并没有更好。其实，在2012年，布赖恩顿及其同事就发现，要在深蹲时取得突破，考虑运动幅度要比考虑重量好得多。

活动幅度及功能

不可否认的是，半蹲确实是有效的。正如扎齐奥尔斯基（1995）在其《力量训练的科学与实践》（*Science and Practice of Strength Training*）一书中所说，很少有体育活动是通过全方位的运动来完成的。

而且，最大力量的增加取决于练习者在训练时的运动幅度。因此，在初期阶段还是希望练习者能够多些腿部弯曲幅度的变化（尽管更多研究表明在进行全方位运动时收获更大），尽管该训练限定于部分运动范围（Massey et al.，2005）。

最后，根据威尔逊在1993年所说，通过减轻神经抑制，可以使用很重的重量促进半蹲取得进步（尽管这个观点忽略了脊柱在进行较大重量训练时所承受的风险）。

很显然，部分深蹲应当在训练计划中发挥重要但绝非独有的作用。

对于加强深蹲，布赖恩顿及其同事在2012年的研究表明，与部分深蹲相比，加强深蹲不仅可以运用到更多的肌肉，而且股四头肌对下蹲距离尤其敏感，在使用更重的重量时臀部肌肉及腘绳肌会被深度激活。

该研究也表明，下蹲程度越深，使用的重量越重，对练习者垂直跳跃素质的提升效果越好。身体的后链肌群在深蹲时会被激活（当然需要使用较重的重量），因此也不必惊讶全蹲对促进跳跃和增强下肢爆发力效果更佳。

这两种运动似乎是相同的，但它们运用的肌肉并不完全相同。

无论是西尼奥里莱及其同事在1994年对各式深蹲角度的精确肌电图分析，还是布赖恩顿及其同事在2012年所做的肌力测量，都提供了关于不同深蹲所运用的不同肌肉结构的详细信息。

深蹲并不危险！不需要增加杠铃重量你就能取得进步。

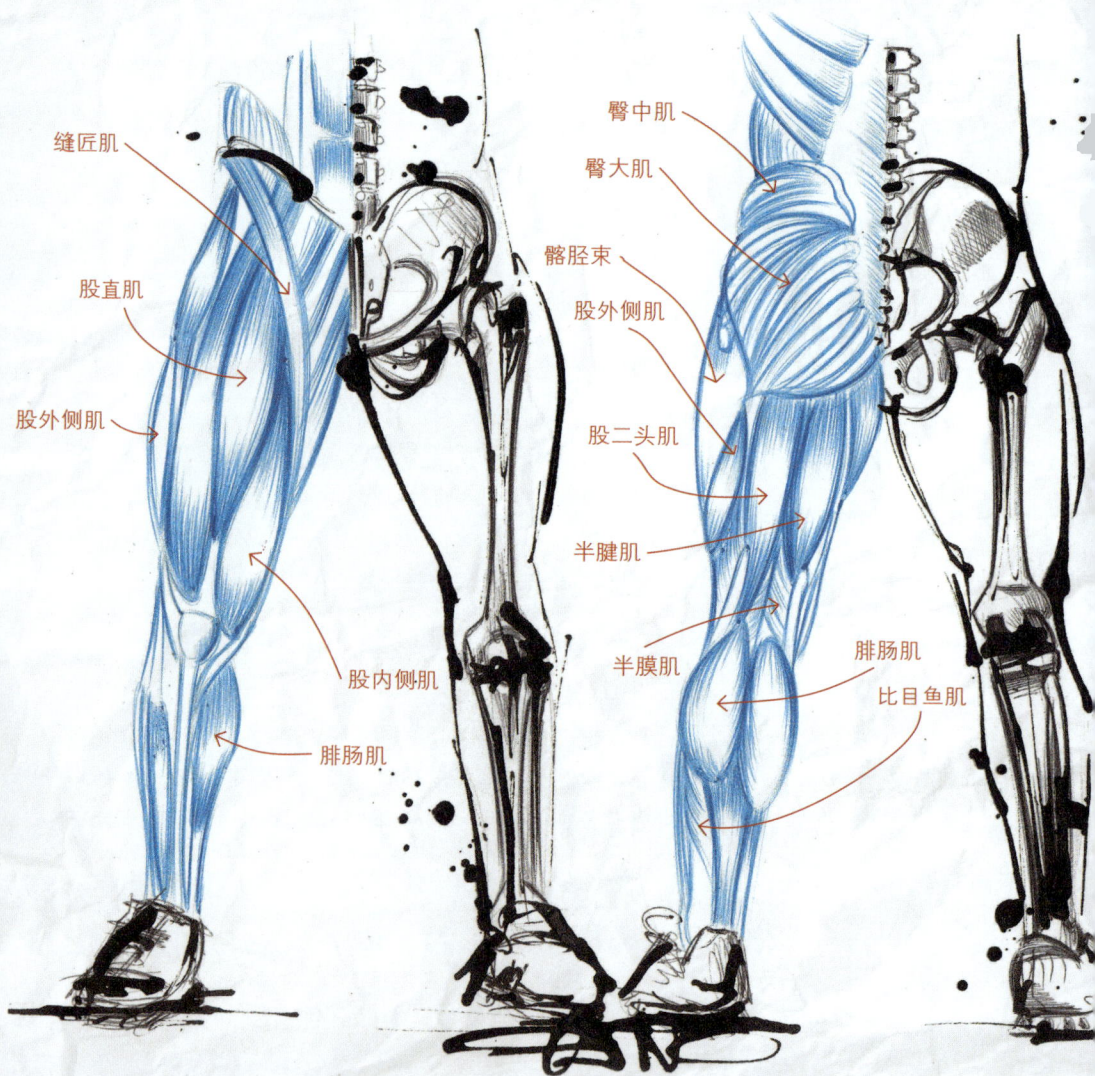

缝匠肌

股直肌

股外侧肌

股内侧肌

腓肠肌

臀中肌

臀大肌

髂胫束

股外侧肌

股二头肌

半腱肌

半膜肌

腓肠肌

比目鱼肌

深蹲技巧

无论是完全深蹲还是局部深蹲，都是十分有技巧性的运动，在进行这项练习时，安全、有效和完美的技术应该放在第一位。如果练习者的技术不够好，可能就无法取得进步，甚至可能受到损伤，导致整个训练计划都会受到影响。

- **手部握杆的宽度：** 双手握杆的距离要大于肩宽，拇指被锁定在杠铃周围。

- **杠铃在背部的位置：** 杠铃应该放在斜方肌和三角肌之间，肩胛骨应当保持挤压。

- **站姿：** 双脚的位置可能时常变化，但左右脚姿势应当保持一致。我们建议采用对称的、舒适的站姿。

- **将杠铃从支架上移走：** 在开始练习之前，杠铃应当位于支架上，刚好位于你站立时肩部的下方。将杠铃稳妥地放在背部上方之后，才将杠铃从支架上移走，这时首先应微蹲于杠铃下方，然后站直。站稳之后，向后跨一步，但依旧要靠近支架。

- **头部位置。** 头部应当与脊柱呈一条直线，目光要锁定在前方的某一固定点。

- **弯曲。** 同时收紧膝部与髋部，稍微降低重心。绷紧腹部，但不要加大腰椎曲线。放低髋部至完全深蹲和部分深蹲所需的水平。膝部与大腿及脚部处于同一垂直平面。脚跟牢牢踩实地面。

- **伸展。** 膝部、髋部和整个身体必须同时伸展，双膝不要靠在一起。恢复原位时要注意保持对称，速度要平稳，中途不停顿。

- **临界点。** 当股骨与胫骨成90度时，肌肉张力处于最高水平。

- **速度。** 可以运用多种技巧提高速度。此项训练中所有运动的速度都应当持续提高。

- **呼吸。** 前屈之前吸气，在舒展的最后阶段呼气。在整个训练过程中，应当有教练监督练习者背部姿势以及骨盆倾斜程度。这种监督有助于练习者保持脊柱的曲线（弓背是不行的，一旦发生，教练就应立即进行干涉）。

最后提醒

尽管在功能以及损伤预防上深蹲具有众多潜在的益处，但那些反对深蹲的人也并非完全没有道理。

首先，要考虑练习者的年纪和经验。年轻、没有经验的练习者应当学习如何正确地进行深蹲。这并不意味着他们不能做深蹲。由于深蹲是有较高技术含量的，有些练习者在进行高强度训练时不具备必要的技术经验，因此他们一定要花时间学习必备的训练技巧。其次，在进行深蹲时，不管是完全深蹲还是部分深蹲，练习者切忌使用很重的重量，除非他们的上半身与下半身都拥有足够的力量。正确的开始方式可以为今后安全有效地深蹲打下坚实的基础。

训练——深蹲

训练1——全身上拉

5组，每组3次高翻挺举（第34页），恢复2分钟。

12分钟内尽量多做几组以下训练：
5次深蹲，5次卧推（第120页）。

训练2——爆发式深蹲

5组，每组3次抓举（第60页），恢复2分钟。

每分钟1次，做10分钟以下训练：
4或5次高强度完全深蹲，再进行60米冲刺。

训练3——功能性强化

5组，组间恢复2分钟：
5次高强度深蹲，恢复10秒；5次最高纵跳，恢复2分钟；6次手枪式深蹲。

最后，在2分钟之内尽可能多做几次徒手深蹲。

前蹲

将杠铃从身体前方置于肩部的前蹲是取代传统深蹲的最安全方式。

这也是基础举重训练的教学策略。前蹲可与种类多样的高翻挺举的技术性或半技术性训练相结合。

众所周知，这种深蹲能够降低15%的膝盖内部压力，同时还能激活肌肉。

进行前蹲有以下好处。

➲ 有效激活股四头肌。

➲ 更易调整背部。

➲ 即使使用的重量较轻也能很好地激活神经肌肉。

➲ 有助于增强灵活性。

这种深蹲也是很有技术含量的。尽管我们真诚地提醒，但仍有人不喜欢前蹲，因为不习惯或者踝关节、肩关节或腕关节受限。在此情况下，要想在运动时取得直接的效果和更高的舒适度，建议选择传统深蹲方式。

如果你想提高自身的灵活性和协调性，那么应将这种深蹲方式安排在训练中。

技术要点

这里要提的建议与将杠铃放在背部进行深蹲的建议是相同的，唯一的不同之处就是杠铃的位置以及手握杠铃的位置。你需要将肘部尽量抬高（最好肱骨与地面保持平行）。

比较两种深蹲的姿势

深蹲时杠铃位于前部　　深蹲时杠铃位于背部

如果你想在变强壮的同时提高自己的协调性和灵活性，那么前蹲就是为你量身打造的训练

高脚杯深蹲

① ②

在做此深蹲时，可以使用哑铃或壶铃抵住胸部，因此其被称作"高脚杯深蹲"。

③

高脚杯深蹲特别适合较长组次的训练。

④

训练——前蹲

训练1——最大强度

3组，每组5次前蹲，最多恢复3分钟。
10组，每组1次前蹲，最多恢复1分钟。

训练2——致命倒计时

依次将以下训练做10次、9次、8次、7次、6次、5次、4次、3次、2次、1次：前蹲，跳箱，悬挂式仰卧起坐。

训练3——双连跳

4组，每组3次高翻（第34页）。

5分钟内尽量多做几次以下训练：
6次前蹲，12次引体向上（第143页）。
每做2组休息2分钟。

过顶深蹲

　　这种特殊姿势深蹲不仅是增强抓举基础技能的基本动作，也是一种有效的强化训练。

　　过顶深蹲除了可以锻炼传统深蹲中能锻炼到的肌肉，还有以下几方面作用。

→ 加强动态核心稳定性。

→ 增强肩部控制力。

→ 增强脊柱附近肌肉的稳定性。

→ 拉伸胸肌。

　　要记住，此动作使用的肌肉力量远比传统深蹲使用的大肌群要弱。因此，训练强度要适中，包括组数和所使用的重量。

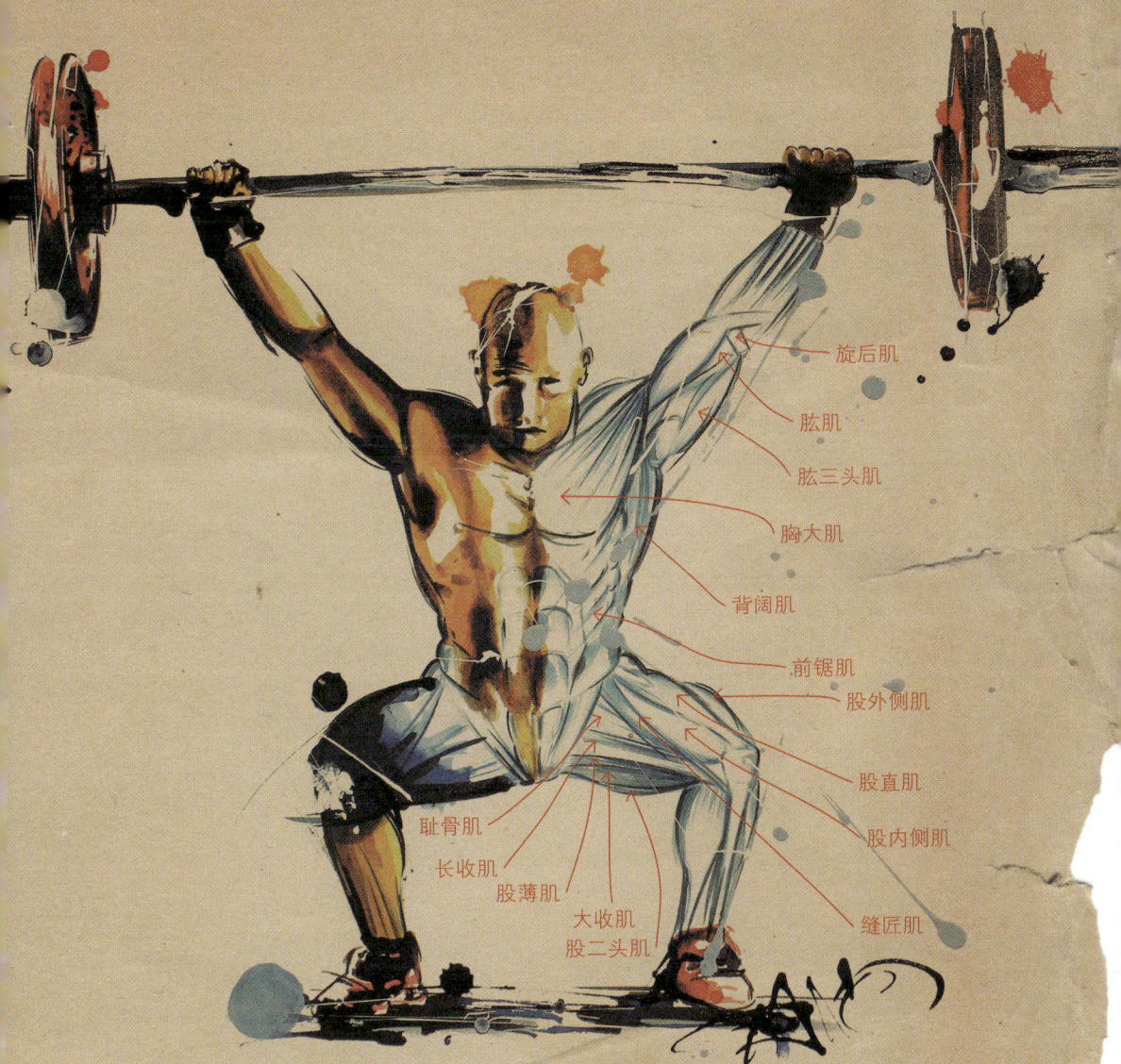

旋后肌

肱肌

肱三头肌

胸大肌

背阔肌

前锯肌

股外侧肌

股直肌

股内侧肌

缝匠肌

耻骨肌

长收肌

股薄肌

大收肌
股二头肌

伸直手臂将杠铃举至头部后方。双手的距离大于肩宽。

将视线集中在地平线上方的某一点上。保持背部和骨盆姿势不变，做加强深蹲，这会稍稍突出腰部曲线。挺起胸部使背部挺直。膝部的运动轨迹要与脚趾保持一致，这与传统深蹲是一样的。

进行过顶深蹲时，膝部可以超过脚尖，但不能让膝关节移动的轨迹位于大脚趾与小脚趾构成的垂直通道之外。除了要注意上半身姿势、站立时双脚的距离要比传统深蹲大之外，进行屈曲和伸展时也要注意膝部位置。

训练——过顶深蹲

训练1——重量训练

5组，每组2次抓举（第60页），恢复2分钟。

12分钟内尽可能多做几组以下训练：
8次挺举（第47页），8次过顶深蹲，跑步200米。

训练2——21、15、9

做21次、15次、9次硬拉（第125页）和过顶深蹲。

训练3——过顶深蹲和波比跳训练

3组，每组10次推举（第103页）；3组，每组10次挺举（第47页）。
尽可能快地做以下训练：
10次过顶深蹲，1次波比跳（第165页）；
9次过顶深蹲，2次波比跳；
8次过顶深蹲，3次波比跳；
7次过顶深蹲，4次波比跳；
6次过顶深蹲，5次波比跳；
5次过顶深蹲，6次波比跳；
4次过顶深蹲，7次波比跳；
3次过顶深蹲，8次波比跳；
2次过顶深蹲，9次波比跳；
1次过顶深蹲，10次波比跳。

推　举

　　杠铃推举、壶铃推举，甚至沙袋推举都是一项完整的训练，能增强力量和耐力。这项运动将传统的杠铃深蹲与肩部推举相结合。我们建议采用前蹲姿势进行深蹲，这样能够减小肩关节的压力（可在第80页查询更多有关肩部损伤的内容）。

①

②

③

④

⑤

⑥

推举是最完整的全身训练之一

技术要点

　　这种完整的训练结合了上半身与下半身的动作。开始时采用前蹲姿势，慢慢下蹲成完全深蹲，然后回到原位，双臂将杠铃举过头顶，直接进行肩部推举。

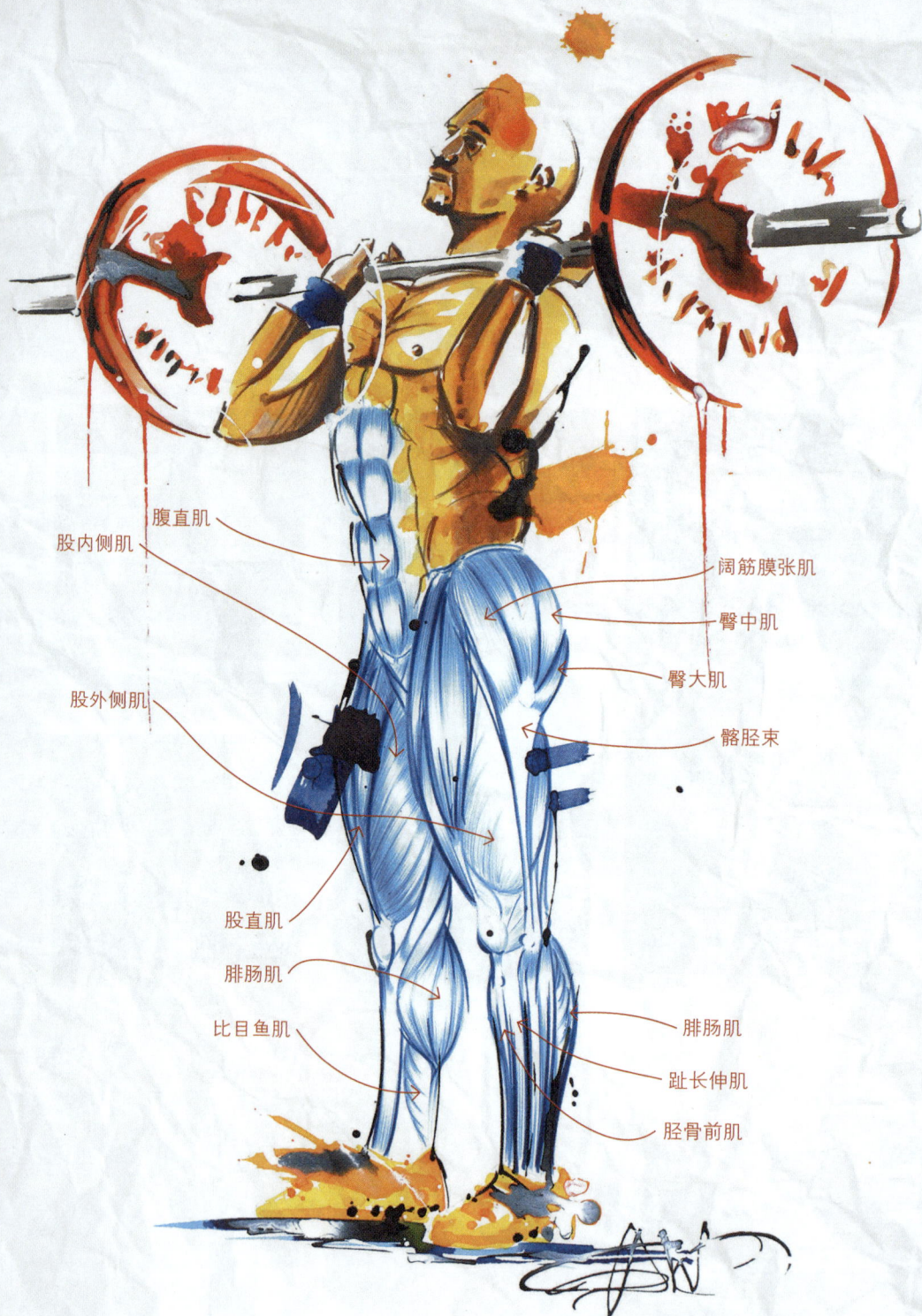

腹直肌

股内侧肌

阔筋膜张肌

臀中肌

臀大肌

髂胫束

股外侧肌

股直肌

腓肠肌

比目鱼肌

腓肠肌

趾长伸肌

胫骨前肌

第一步：屈腿

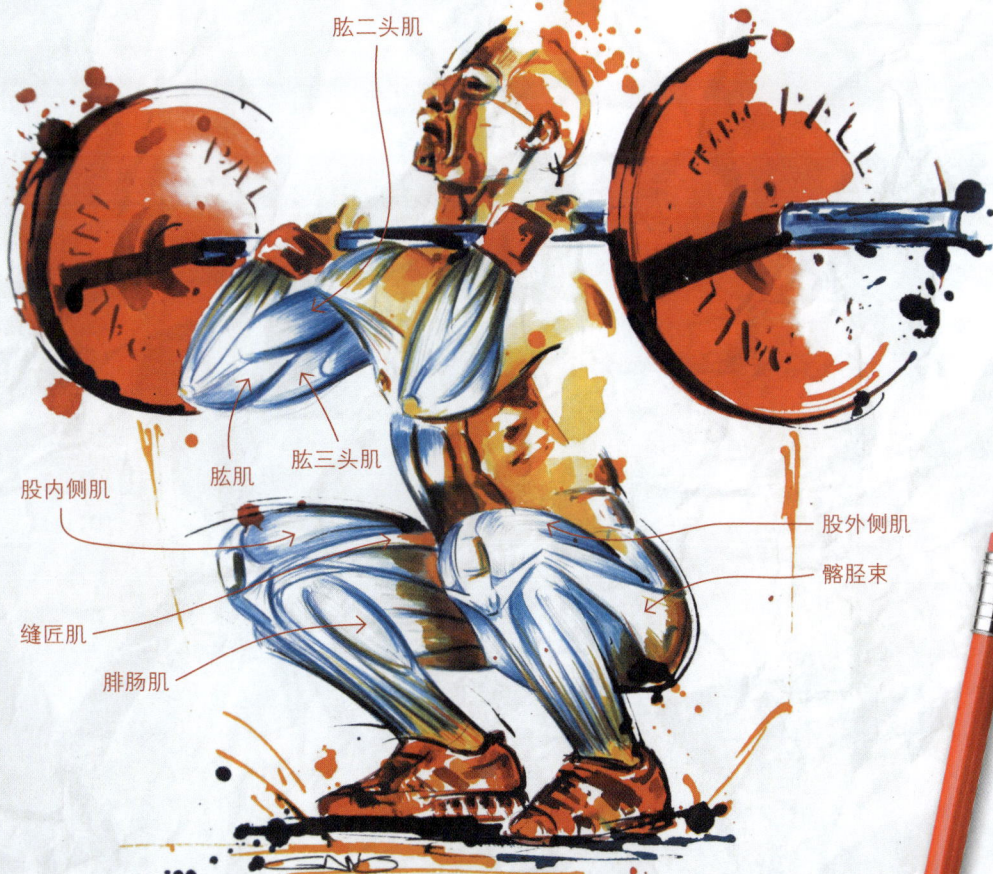

肱二头肌

股内侧肌

肱肌

肱三头肌

缝匠肌

腓肠肌

股外侧肌

髂胫束

不要让重量压制住你！挺胸，抬起肘部防止上背部弯曲。即使进行了多组练习，也要保持背部挺直，避免肩部和脊柱受到损伤。

站 立

肱二头肌

肱三头肌

胸大肌

前锯肌

腹直肌

腹外斜肌

腹内斜肌

三角肌

斜方肌

肱三头肌

冈下肌

背阔肌

臀中肌

臀大肌

髂胫束

第二步：上推

股内侧肌

股直肌

股外侧肌

腓肠肌

股二头肌

腓肠肌

训练——推举

训练1——上推

训练40秒，恢复20秒。

交替推举和俯卧撑（第158页）。

你可以通过使用杠铃或哑铃做推举，来改变每组中的训练内容，也可以改变做俯卧撑时脚部的高度和双手的距离。

将此循环训练重复20分钟。

训练2——15—15

5组：
15次推举和15次波比跳（第165页）。

训练3——跳箱、推举至硬拉

做21次、15次、9次跳箱和推举，然后做硬拉（第125页）。

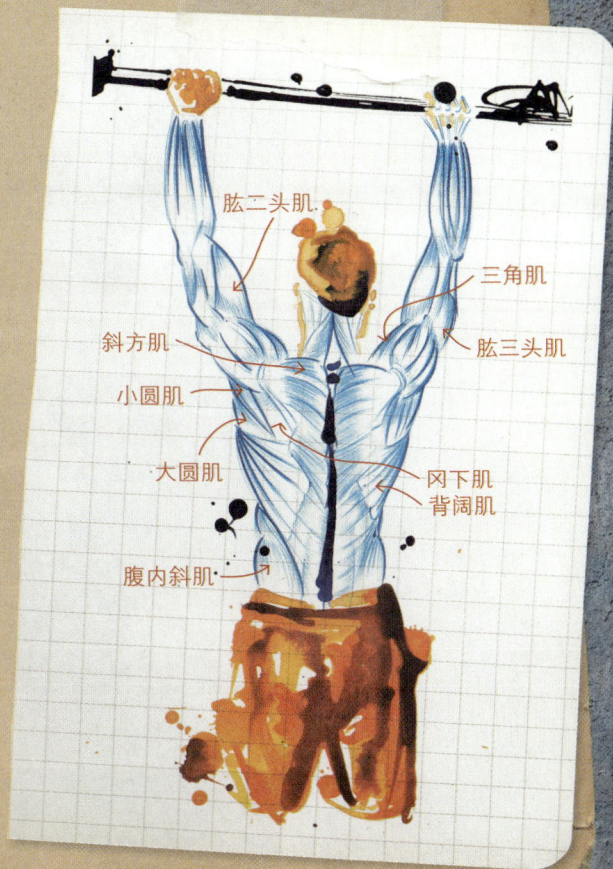

肱二头肌

三角肌

斜方肌

肱三头肌

小圆肌

大圆肌

冈下肌
背阔肌

腹内斜肌

单腿深蹲（保加利亚式弓步蹲）

对于一侧比另一侧更加强壮的练习者，以及想要重新找回身体平衡的人来说，单腿深蹲是十分有用的。单腿深蹲可以利用瑞士球、杠铃或壶铃进行。

技术要点

单腿深蹲的技巧与双腿深蹲的技巧相同。你也可以在运动的最后阶段抬起前脚脚跟，以独立训练小腿肌肉。前脚要向前伸得足够远，这样下蹲时前腿股骨便可垂直于后腿股骨，且前腿膝关节向前弯曲90度。前腿膝盖将一直处于前脚脚尖前方。

锻炼平衡性

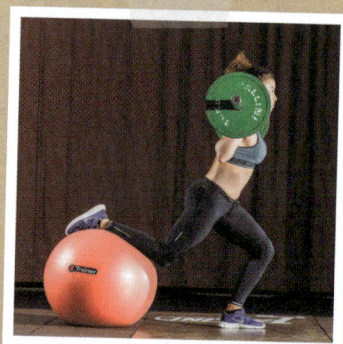

这些单腿运动并没有忽视不做功的腿，只是会以不同的方式训练另一条腿。不要让后腿处于休息状态，相反，要运用持续的肌肉补充训练取得进步。

在单腿深蹲中进行上升运动时，将重心移至脚掌是在锻炼大腿时补充锻炼小腿的好方式。此运动做起来更加困难，你可以做等长收缩（前膝弯曲，脚跟垂直），也可以做动态收缩（每次脚跟重新接触地面）。

跟腱

训练中跟腱可能会发生断裂，因此在进行大量跑步训练之前，需要进行适度的热身运动。跟腱断裂通常需要进行外科手术并要恢复数月才能康复。要好好照顾跟腱，你花多少时间进行训练，就要花多少时间进行拉伸。

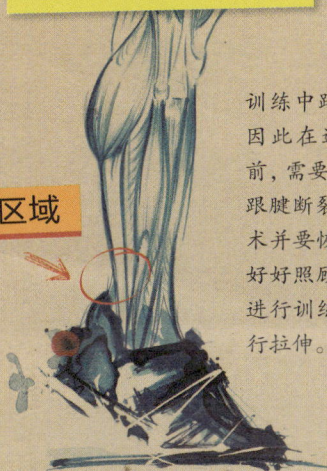

敏感区域

三角肌
肱三头肌
肱二头肌
臀大肌
臀中肌
腓肠肌
大转子
股二头肌
阔筋膜张肌
股外侧肌
股内侧肌

训练——单腿深蹲

训练1——阿芝台克

在20分钟之内尽量完成多组以下训练：

5次引体向上（第143页），10次右腿深蹲，10次俯卧撑（第158页），10次左腿深蹲。

20分钟后，如果时间不够完成1次完整的循环训练，再增加1组左腿运动（为使左右两边保持平衡）。

训练2——每条腿10组

以最快的速度完成20组以下训练：

5次俯卧撑（第158页），5次右腿深蹲，5次仰卧起坐，5次左腿深蹲。

做完20组之后，如果时间不够完成1次完整的循环训练，再增加1组左腿运动（为使左右两边保持平衡）。

训练3——E人

5组，每组5次前蹲（第97页）。

12分钟内尽可能多做几组以下训练：
8次挺举（第47页），8次右腿深蹲，8次俯身划船（第83页），8次左腿深蹲。

手枪式深蹲（单腿下蹲）

　　这种深蹲由于拉力作用在肌腱上，因此不经常用到。事实上，我们并不建议体重较重的练习者或初学者进行这种深蹲，因为训练难度较大，若失控可能会引发炎症，尤其是髌腱部位，最终导致关节失去稳定性。除非你足够强壮，有娴熟的技巧和丰富的经验，否则不建议你进行这种深蹲。你可以使用弹力带或拉力带减轻负荷。

如果不是经常做手枪式深蹲，偶尔进行还是很有效果的。理想的情况是，在自重训练中进行手枪式深蹲，例如当你在度假中无法使用健身器材时

技术要点

从一开始便将手臂向前伸直以保持平衡。挺起胸部，在整个训练过程中尽可能保持身体挺直。抬头，将视线集中在地平线上方的某一点上，在整个训练中视线集中于该点。开始单腿下蹲，同时保持另一条腿向前伸直。要想顺利进行该项运动，需要具备柔韧的腘绳肌和强壮的髋屈肌。下蹲时，要保持膝关节的运动轨迹呈直线；不可以向外（外翻）或向里（内翻）。站起时呼气，脚用力蹬地板，重心微微倾向脚跟。

一定要避免膝关节外翻和内翻

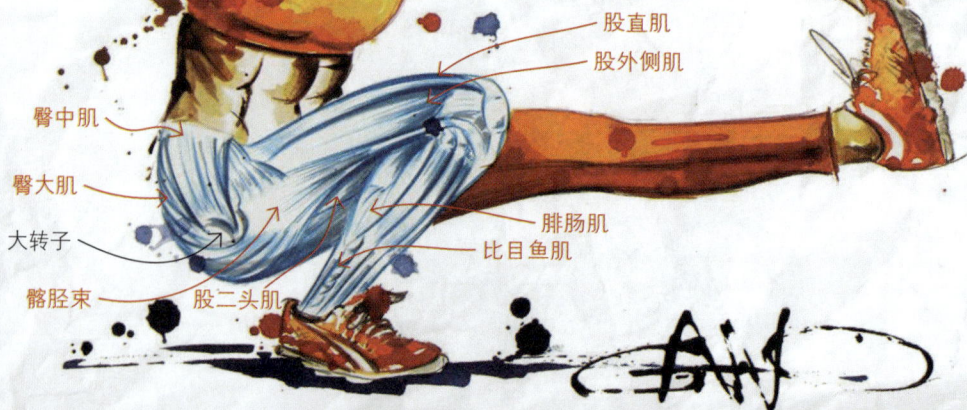

股直肌
股外侧肌
臀中肌
臀大肌
大转子
髂胫束
股二头肌
腓肠肌
比目鱼肌

训练——手枪式深蹲（单腿下蹲）

训练1——印加

20分钟内尽可能多做几组以下训练：

5次波比跳（第165页）；

5次左腿手枪式深蹲；

15次引体向上（第143页）；

5次右腿手枪式深蹲。

20分钟后，如果时间不足以完成一次完整的循环训练，

再增加一组右腿运动（为使左右两边保持平衡）。

训练2——36

5组，每组3次高翻（第34页），2次深蹲（第89页），1次挺举（第47页）。

接着，在12分钟内尽可能多做几组以下训练：

12次手枪式深蹲，12次俯卧撑（第158页），双腿交替做手枪式深蹲。

如果有必要，在训练的最后增加一组运动以平衡左右两侧。

训练3——俄式轮盘

2组，每组10次过顶深蹲（第100页）。

3组，每组3次抓举（第60页）；4组，每组1次抓举。

20分钟内每分钟做1组以下训练：

3次手枪式深蹲，单腿跳箱。每组换腿。

训练——混合深蹲

训练1——I形深蹲

5组，每组1次过顶深蹲（第100页），最多恢复30秒。

5组，每组1次前蹲（第97页），最多恢复30秒。

5组，每组1次深蹲（第89页），最多恢复30秒。

5组，每组1次最大垂直弹跳，最多恢复30秒。

训练结束时加练：5分钟无间歇腹部运动，每15秒变换运动。

训练2——下拉U形深蹲

3组，每组10次引体向上（第143页）；3组，每组10次弹力带辅助单腿深蹲（第108页）。

组间恢复1分钟。

5分钟内尽可能多做几组以下训练：

3次推举（第103页），5次波比跳（第165页）。

恢复：3分钟低强度跑步。

5分钟内尽可能多做几次以下训练：

3次前蹲（第97页），5次壶铃甩摆（第128页）。

恢复：3分钟低强度跑步。

快跑1500米。

训练3——动动双腿

5次前蹲（最多做5组，第97页），恢复10秒；5次深蹲（第89页），恢复2分钟；6次单腿深蹲（第108页），恢复2分钟；5组15分钟低强度跑步。

训练4——烈火战车

3次前蹲（第97页），60%的最大强度。

接着是3次70%的最大强度。

3组，每组6次75%的最大强度，恢复1分钟。

依次做1次、2次、3次、4次、5次推举（第103页）。

每组后：4次波比跳（第165页），4次击掌引体向上（第148页），4次单腿深蹲（第108页）。

T杠深蹲

这种深蹲的作用很大：它能够让你在每次运动时集中训练身体的一侧；同时它也可以减轻T杠对肩膀的压力，降低高强度训练中进行深蹲的风险。

也可以使用其他方式进行T杠深蹲。

→ 使用1个或2个T杠（可以2个一齐推动或者每次推动1个）。

→ 使用或者不使用肩膀。

技术要点

手臂完全弯曲，单手握住T杠。面向T杠（不能转动），进行传统深蹲。T杠深蹲与常规深蹲的不同之处在于你需要微微前倾。这种姿势可以减轻背部的负担，但只有具备更高的踝关节灵活性，才能在脚跟不离地的情况下进行完整深蹲。当你起身时，髋关节伸展与手臂伸展一同进行（就像推举中一样）。最终，为了完成该动作，你可以将T杠传递到另一只手中；在另一只手开始动作之前，注意要踮起脚尖。

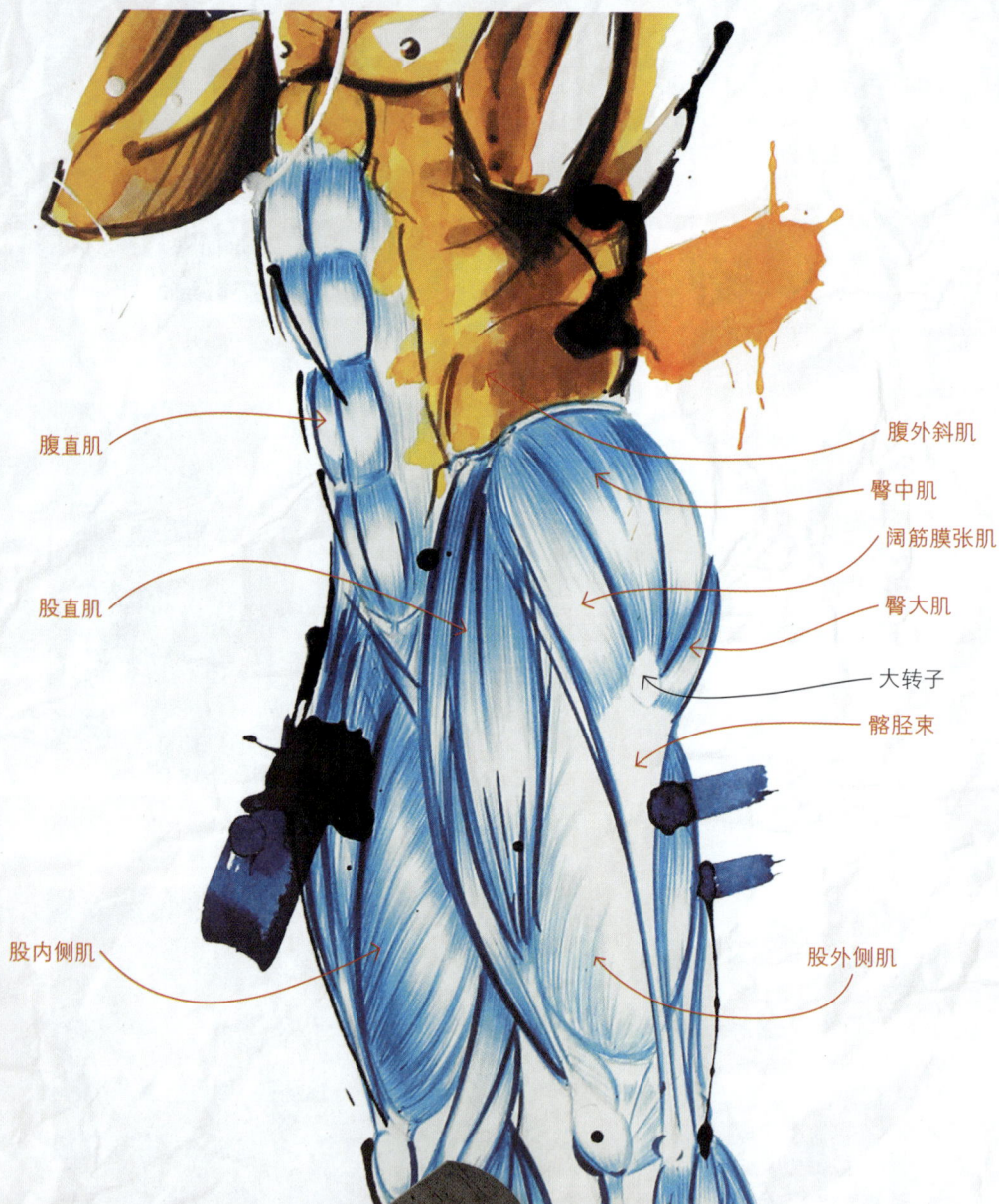

腹直肌

股直肌

股内侧肌

腹外斜肌

臀中肌

阔筋膜张肌

臀大肌

大转子

髂胫束

股外侧肌

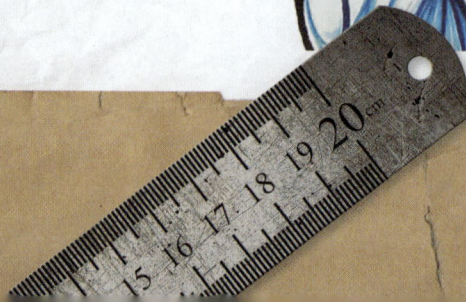

T杠侧推

此动作通常与身体转动的斜向动作相结合。

可以使用多种技巧，建议使用能够保护背部的方式。

技术要点

双手握杆（一只手位于另一只手的上方；每次变换手握方式），然后将T杠放置于髋部一侧。整个运动过程中保持背部挺直，头部向上伸展，胸部张开。转动时，双脚尽量保持平行，防止膝关节向内侧或外侧翻。遵循同样的动作要点，弯曲手臂，把T杠移至髋部的另一侧，并且身体转向另一侧。

这是一个完整训练，你应当将注意力放在腹部肌肉上。收紧腹部，控制骨盆前倾的幅度，收紧臀部和骨盆底部

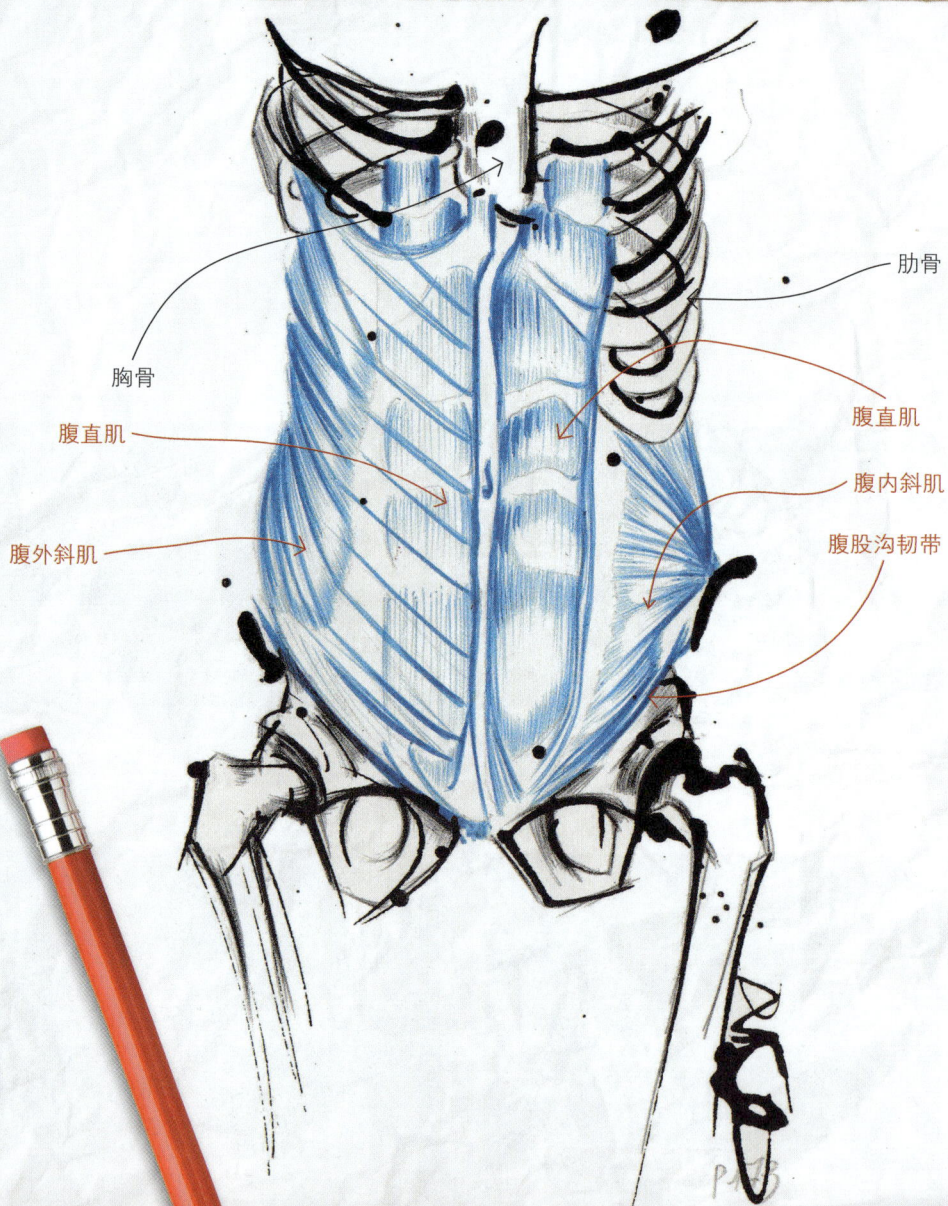

胸骨

肋骨

腹直肌

腹直肌

腹内斜肌

腹外斜肌

腹股沟韧带

训练——T杠深蹲

训练1——180个小矮人

依次做20次、16次、12次、8次、4次双手交替T杠深蹲，交替双手下压和侧推T杠。

训练2——重载

5组，在3分钟内尽可能多做几轮以下训练：

10次T杠侧推，10次挺举（第47页）；10次T杠侧推，速度为最大速度的50%，10次推举（第103页）。恢复2分钟。

训练3——幸福30秒

10组，每组4次高翻（第34页），休息30秒。
10次T杠侧推，以最快速度推杠，休息30秒。
10次T杠深蹲，使用2个T杠，休息30秒。
10次T杠侧推，以最快速度推杠，休息30秒。

✖ 卧推

　　进行这项锻炼需要躺在卧推凳上，手持杠铃，两手间距与肩同宽。开始时，先将杠铃举在胸前，将手肘完全伸展。然后将杠铃收回，直至杠铃接触胸部的正上方，停顿片刻，再次向上举起，至手臂完全伸直。卧推有助于锻炼胸大肌、胸小肌、肱三头肌和三角肌前束。该项训练中，肩胛骨周围稳定肌群（斜方肌、菱形肌、肩胛提肌及前锯肌）以及肩袖肌群（小圆肌、冈上肌、冈下肌及肩胛下肌）发挥主要作用。

技术要点

- 脚部位置：一般情况下，双脚平放在地面（可略微调整）。

- 背部位置：背部作为主要支撑部位（尤其是肩胛骨），要固定在卧推凳上，脊柱位置居中。试着尽量拉开两侧肩胛骨的距离。

- 头部位置：头部固定在卧推凳上，下颌回收，颈部自然弯曲。

- 杠铃握法：拇指将杠铃固定在适当位置，一般握距要与肩同宽，也可以比肩宽或比肩窄。为了训练时更舒适，推荐握距与肩同宽。

- 肘部位置：保持肘部与肩部呈一条直线。

- 杠铃初始位置：从卧推架上取下杠铃之后，直臂将杠铃举于胸部上方。

- 放下杠铃：保持控制，将杠铃下落至胸部上方，触碰到身体；不要泄力，也不让杠铃弹离身体，然后立即推起杠铃。

- 上推杠铃：这个动作要尽可能地运用爆发力，以克服杠铃的重力。杠铃的轨迹不是一条直线，而是朝着杠铃架的方向微微偏移。

- 固定杠铃：每次举起杠铃后要在胸前完全伸展手肘，固定杠铃。最后一轮动作完成后，举杠铃片刻，然后将杠铃放回卧推架。

→想了解更多肩关节方面的知识，请查阅第72页。

训练——卧推

训练1——推举前的拉伸

10组，每组1次硬拉（第125页），达到硬拉极限的85%～90%，每分钟一轮。

然后在8分钟内尽可能多做几组以下训练：
7次卧推，9次波比跳（第165页），12次壶铃甩摆（第128页）。

训练2——驱动阈值

4组，每组8次深蹲（第89页），达到深蹲极限的80%，10分钟内完成。

然后在10分钟内尽可能多做几组以下训练：
10次引体向上（第143页），10次卧推，达到卧推极限的60%，再进行200米全速跑。

训练3——纯力量

10组，每组2次深蹲（第89页），每组动作尝试加大重量。
10组，每组2次卧推，每组动作尝试加大重量。

哑铃卧推或壶铃卧推

卧推大多是用哑铃或壶铃来配合完成的，其最大的难点是使用重量较轻。当锻炼涉及较重的重量时，你可能找不到合适的重量，或者在没有卧推架的情况下很难把它们组在一起（有些卧推架型号可供选择）。但使用哑铃或壶铃卧推对长期锻炼有益，并且可以帮助练习者平衡双臂力量。

练习者可以选择交替双臂进行推举：可以一侧手臂完成动作后，另一侧手臂再开始推举（该动作是一侧手臂动作结束后，另一侧再开始，因此，一次只锻炼一只手臂）；也可同时交替推举两只手臂（该动作是一侧手臂动作未结束时，另一侧就开始，因此，两只手臂是同时锻炼的）。

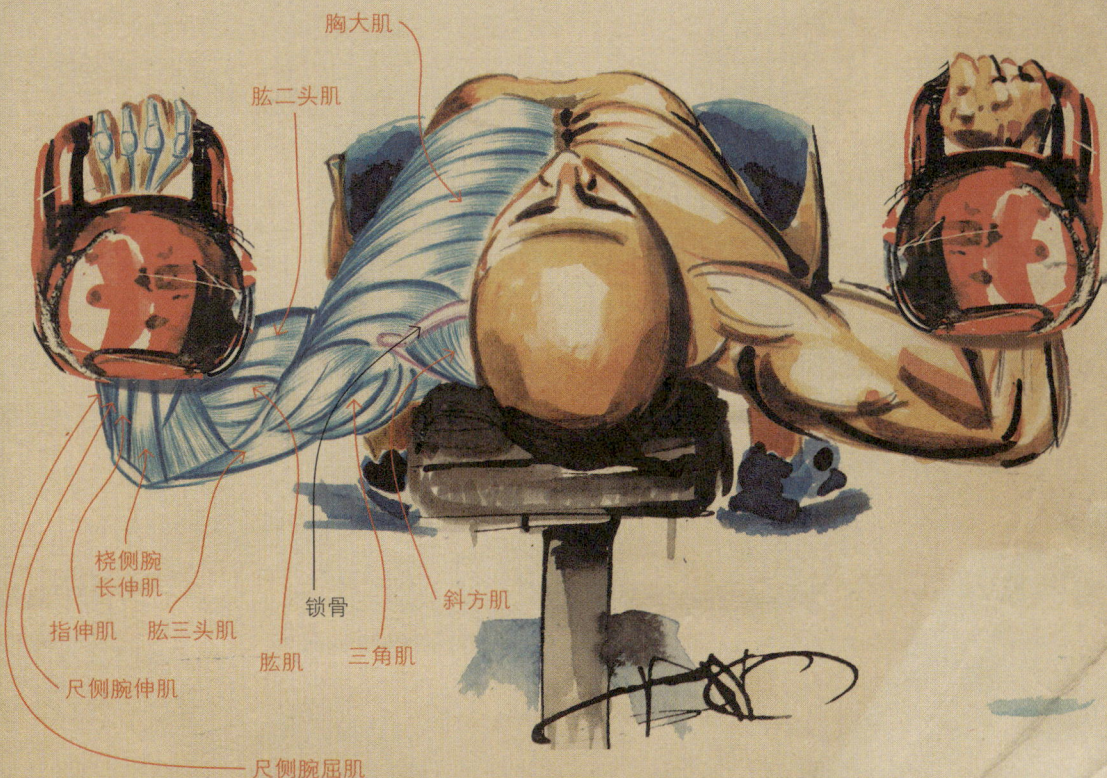

胸大肌

肱二头肌

桡侧腕长伸肌

指伸肌　肱三头肌

尺侧腕伸肌

锁骨

肱肌　三角肌

斜方肌

尺侧腕屈肌

训练——哑铃卧推或壶铃卧推

训练1——暗推

4组，每组8次卧推，达到卧推极限的80%，恢复90秒。

然后完成以下动作12组，每组休息一分钟：
8次哑铃卧推或壶铃卧推。

训练2——无限推举

在20分钟内尽可能多地重复以下训练：
25次仰卧起坐，21次哑铃卧推或壶铃卧推，400米跑步。

训练3——蹲起复位

5组：10次卧推，达到卧推极限的75%；5次击掌俯卧撑（第167页）；10次深蹲（第89页），达到运动极限的60%；10次屈膝跳；10次卧推，达到卧推极限的50%；5次俯卧撑（第158页）。每组恢复90秒。

用球取代卧推凳

现在更多的是用瑞士球取代卧推凳。考虑到该方式安全性不高，我们未将其安排在训练中。进行力量训练时，要求身体在训练过程中保持平衡，因此使用稳定的卧推凳更安全。同时，鉴于高强度训练会使人极度疲劳或失去重心，因此我们更倾向于在稳定、安全的训练环境中训练。

✖ 硬拉

　　将杠铃从地面提起到大腿前方或髋部，身体直立，双臂伸直。在硬拉过程中主要训练的部位是股四头肌（股直肌、股外侧肌、股内侧肌和股中间肌）、臀部肌肉（臀小肌、臀中肌、臀大肌）、腘绳肌（半腱肌、半膜肌、股二头肌）以及腰部肌肉。由于提杠铃时双臂伸直，因此前臂肌肉、肩部肌肉、斜方肌也参与其中。腘绳肌（半腱肌、半膜肌和股二头肌）支撑骨盆，而腓肠肌和比目鱼肌稳定小腿。

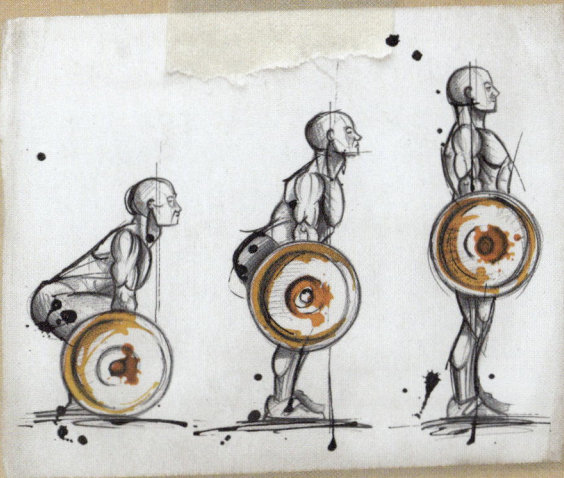

避免该情况！

三角肌

胸大肌

肱二头肌

前锯肌

肱三头肌

腹外斜肌

肱肌

腹直肌

腹内斜肌

肱桡肌

股二头肌

股外侧肌

股直肌

股内侧肌

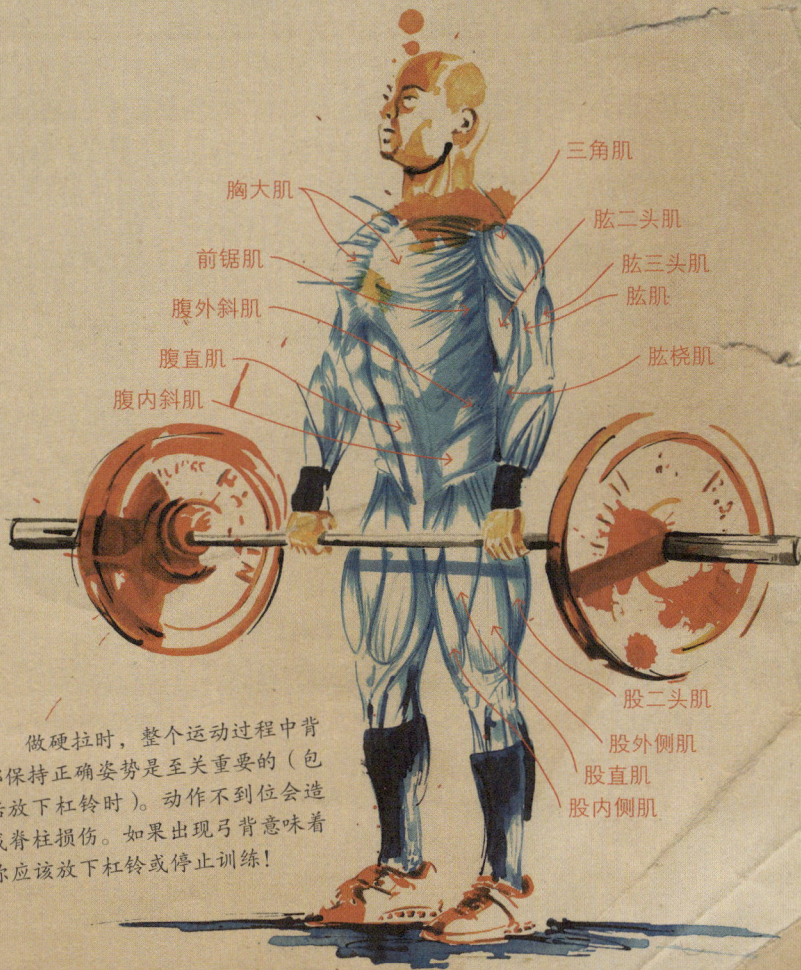

　　做硬拉时，整个运动过程中背部保持正确姿势是至关重要的（包括放下杠铃时）。动作不到位会造成脊柱损伤。如果出现弓背意味着你应该放下杠铃或停止训练！

技术要点

　　双脚分开与髋同宽，髋部与膝部应在同一平面。在整个运动过程中，身体应尽可能保持直立，以减轻下背部的压力。脚与股骨呈一条直线。背部挺直，向前倾，但决不能出现弓背。股四头肌、背部肌肉、臀部肌肉和腘绳肌等的协同活动是最重要的。

— **重心**：双脚踩实地面，体重应均匀分布在整个脚。如果可以，请穿鞋底薄且硬的鞋子。

— **站姿（传统硬拉）**：双脚分开与髋同宽。

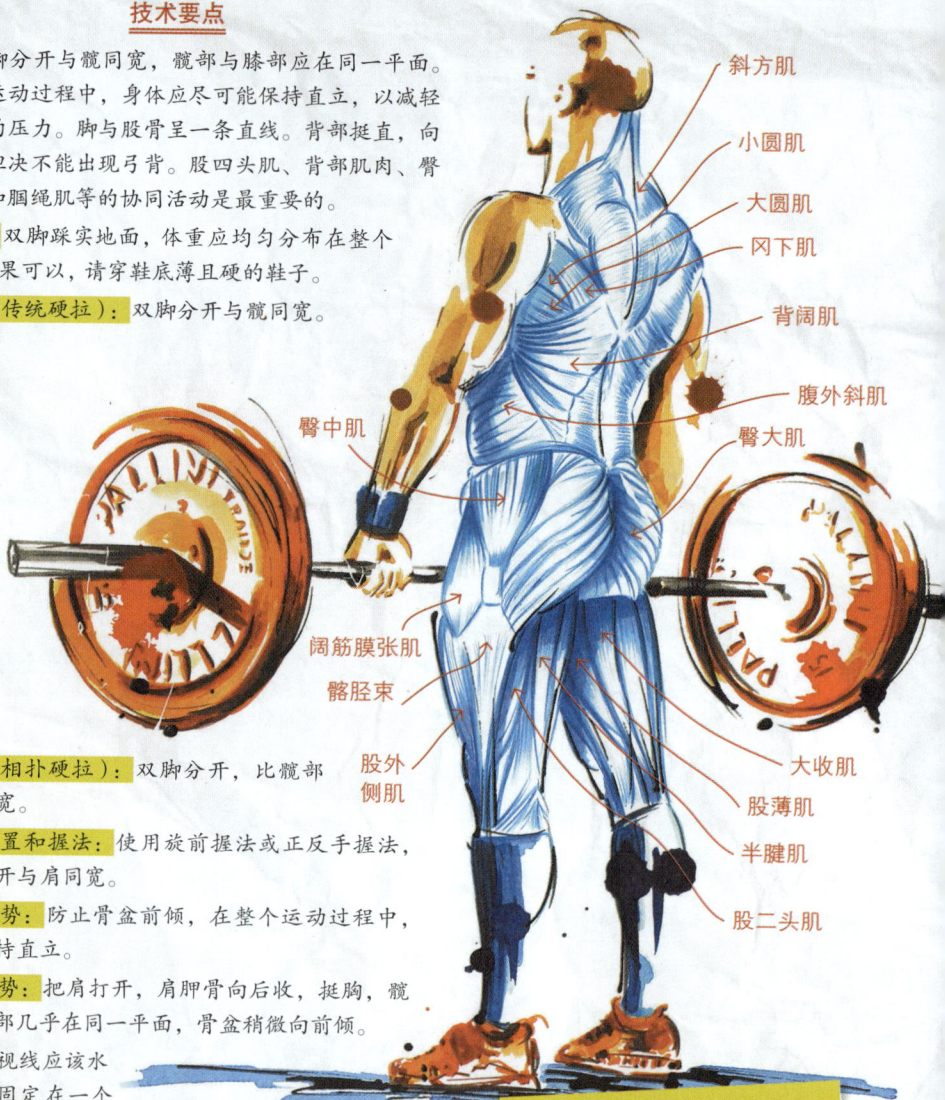

— **站姿（相扑硬拉）**：双脚分开，比髋部或肩部宽。

— **手的位置和握法**：使用旋前握法或正反手握法，双手分开与肩同宽。

— **背部姿势**：防止骨盆前倾，在整个运动过程中，背部保持直立。

— **起始姿势**：把肩打开，肩胛骨向后收，挺胸，髋部与膝部几乎在同一平面，骨盆稍微向前倾。

— **视线**：视线应该水平向前固定在一个点上。

— **向上硬拉时**：手臂肌肉收紧，背部挺直起身。在起身过程中沿大腿前侧上拉杠铃，以保持平衡。

— **下放杠铃时**：按照相反的运动轨迹下放杠铃，但要一直保持背部挺直。

— **关键时刻**：第一个关键时刻是杠铃在膝盖以下时，第二个关键时刻是杠铃越过膝盖后。在这两个时刻，你都有可能很难控制背部。因此，需要更好地保持身体的稳定。

— **呼吸**：当肌肉发力时，在起始位置吸气。向上硬拉的过程中屏住呼吸，到达最后位置时呼气。

斜方肌
小圆肌
大圆肌
冈下肌
背阔肌
腹外斜肌
臀大肌
臀中肌
阔筋膜张肌
髂胫束
股外侧肌
大收肌
股薄肌
半腱肌
股二头肌

　　请记住，全身运动（硬拉和蹲起）会将收缩肌与拮抗肌分离，而涉及下半身的全身运动收缩肌与拮抗肌的分离度小于涉及上半身的全身运动（卧推或引体向上）。肌电图（EMG）的测试表明，对于大多数练习者来说，股四头肌和腘绳肌之间的差异只有10% ~ 20%！

训练——硬拉

训练1——站在水平面上

尽可能快地完成10组以下动作：15次硬拉，15次俯卧撑（第158页），然后进行不超过1分钟的恢复。

附加循环训练：5组，每组8次杠铃腹肌滑滚（第190页），20秒倒立。

训练2——力量硬拉

4组，每组5次极限硬拉，然后进行20米跑步。

接着做3组以下动作：3次硬拉，10次仰卧起坐，15次波比跳（第165页）。

训练3——有氧硬拉

10组，每组5次极限硬拉，然后进行600米低强度跑步。

特别注意：容易拉伤的腘绳肌

　　腘绳肌是很脆弱的肌肉，它连接着多个身体结构，尽管承受了很大的重量，但却并不发达。当你准备进行一项训练时，要密切注意腘绳肌与拮抗肌（即股四头肌）的平衡。并且，要认真做腘绳肌的热身运动。

　　一项训练包含多项腘绳肌练习时，建议以不同的抬膝高度、逐渐增加的速度向前或向后跑或者用小型器材进行收缩/舒展运动来激活腘绳肌。

将壶铃甩摆至头顶的练习，称为俄罗斯壶铃甩摆。把壶铃甩摆过头顶的练习，称为美式壶铃甩摆。

专注于伸展髋关节

后链肌群带动壶铃移动，上半身肌肉控制壶铃

壶铃甩摆

该练习涉及肩部肌肉（在整个前摆过程中三角肌的不同部位得到锻炼）和下肢后链肌群的训练（双腿都会得到锻炼）。我们将其归为由硬拉衍生而来的训练，因为腰部肌肉、臀部肌肉和腘绳肌的运动很明显。此外，壶铃与身体的距离很大，这使得该动作与其他壶铃举重练习不同。

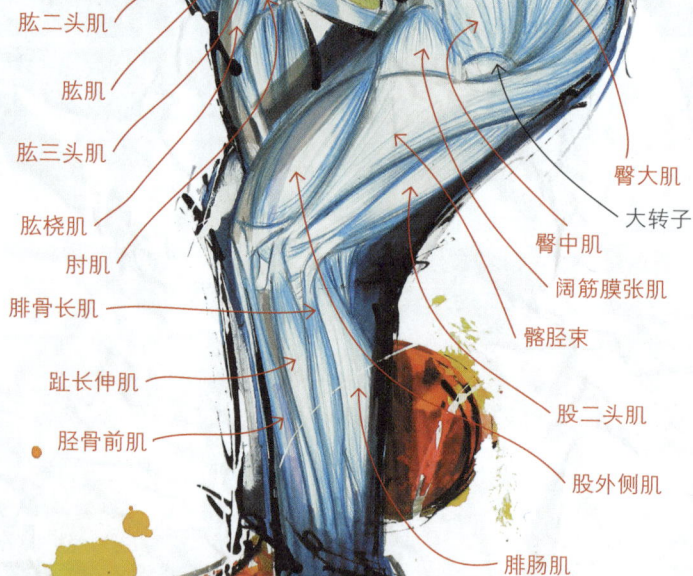

肱二头肌

肱肌

肱三头肌

肱桡肌

肘肌

腓骨长肌

趾长伸肌

胫骨前肌

臀大肌

大转子

臀中肌

阔筋膜张肌

髂胫束

股二头肌

股外侧肌

腓肠肌

壶铃甩摆的方法

双手紧握壶铃

单手紧握壶铃，
每次仅锻炼一只
手臂

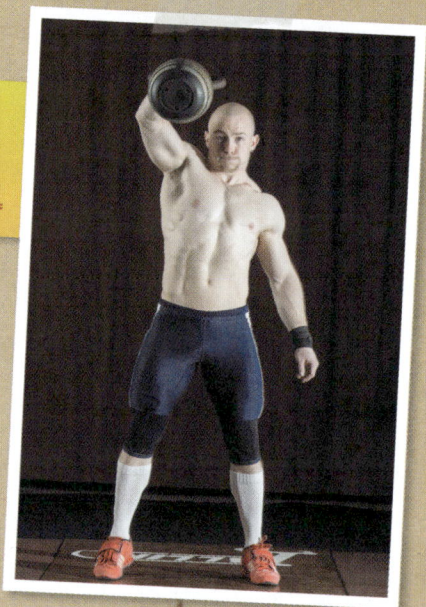

单手紧握壶铃，
每组动作完成后
壶铃回到底部时
换手

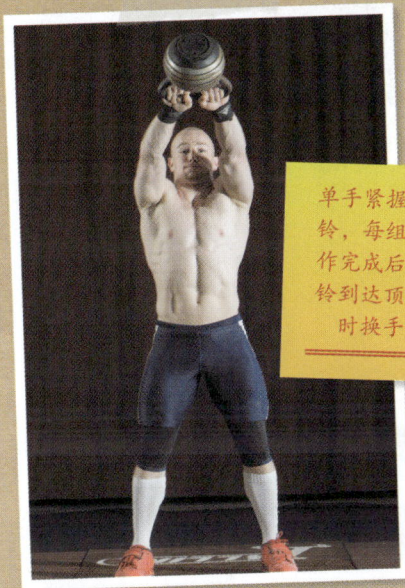

单手紧握壶铃，每组动作完成后壶铃到达顶部时换手

单手紧握壶铃，每组动作完成后壶铃到达顶部时，抛壶铃换手

单手和双手两个版本

高度

介于双臂与地面平行和双臂与地面垂直之间的位置。

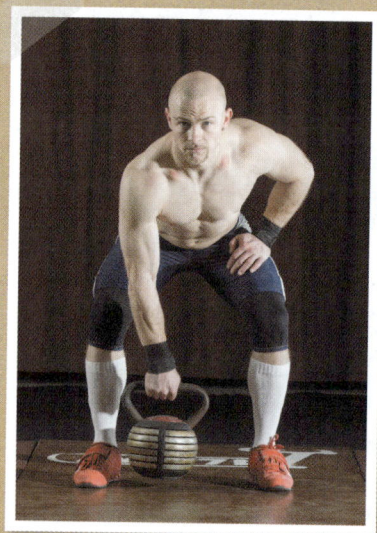

组间，壶铃可以放在地上，也可以不放

注意

练习者双腿可以提供不同程度的帮助，在每次屈髋前后各做一次或两次"甩摆"和弯曲膝关节（不同程度）。

技术要点

使用正握，紧握一个或两个壶铃，髋关节和膝关节稍微弯曲，身体向前倾斜，背部挺直，骨盆前倾。向上甩摆壶铃之前，直臂向后拉伸肩膀，伸展髋关节和膝关节，将手臂上抬到与地面平行的位置。站立时，应该完全伸展膝关节和髋关节，收紧腹部和臀部肌肉，头部摆正，视线应固定在略高于地平线的某点上。

训练——壶铃甩摆

训练1——下午茶

12分钟内尽可能多地重复下列训练：

20次完整的弹力带辅助引体向上（第143页）；

20次单手壶铃甩摆，200米跑步。

然后做5组以上训练，每组用时3分钟，组间进行1分钟积极性恢复。

附加训练：3千米跑步，达到跑步极限的50%。

训练2——壶跑

跑步10分钟，达到跑步极限的60%。

快跑800米。

100次双手壶铃甩摆（恢复：自选）。

快跑800米。

100次单手壶铃甩摆（恢复：自选）。

快跑800米。

3组引体向上（第143页），尽可能多做。

训练3——来自俄罗斯的爱

5组，每组1分钟，尽可能多地重复下列训练：

4次双手壶铃甩摆及180度旋转，2次高脚杯深蹲（第98页）。

组间恢复1分钟。

10组：100米往返跑，10次波比跳（第165页），

10次交替壶铃甩摆。组间恢复1分钟。在第5组和第6组之间恢复3分钟。

阿拉贝斯克（燕式旋转）

该动作的手臂和腿的运动方向相反，如下图所示。这是一项强度大且有难度的练习，会增强后链肌群力量。该训练实际上只是单腿硬拉，可以用一个杠铃、两个壶铃或两个哑铃进行，也可以用单个壶铃或哑铃一次只训练一侧。在整个训练过程中，背部和摆动腿必须保持呈直线。髋部应该完全打开（身体不要屈曲）。最后，注意不要扭转身体，胸部始终面向前方。

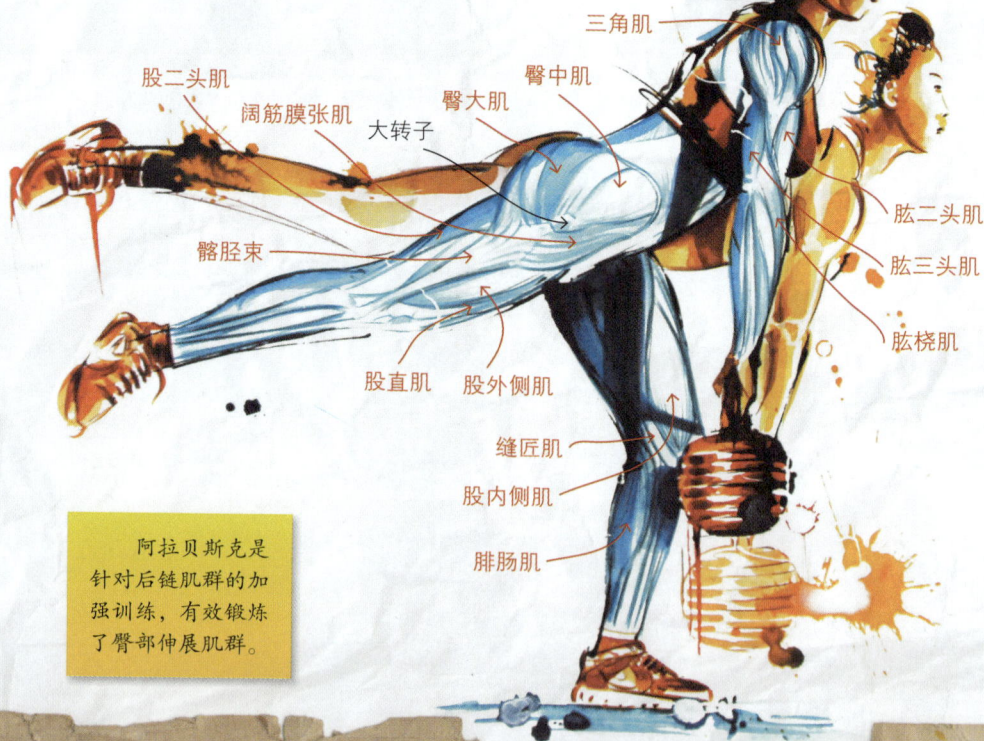

三角肌

臀中肌

股二头肌

阔筋膜张肌

臀大肌

大转子

肱二头肌

肱三头肌

髂胫束

肱桡肌

股直肌

股外侧肌

缝匠肌

股内侧肌

腓肠肌

阿拉贝斯克是针对后链肌群的加强训练，有效锻炼了臀部伸展肌群。

训练——阿拉贝斯克（燕式旋转）

训练1——天鹅湖

深蹲（第89页）倒计时（加大重量）。

进行5次、4次、3次、2次、1次深蹲，15分钟内完成。

5组：阿拉贝斯克与哑铃交替做20次，15次俯卧撑（第158页），20次交替壶铃弓步（第140页），10次引体向上（第143页）。

恢复2分钟。

训练2——复合硬拉

10组：1次加重硬拉（第125页），双腿各1次阿拉贝斯克，1次加重硬拉，双腿各1次阿拉贝斯克。

恢复2～3分钟。

训练3——漫长冬夜

17分钟内尽可能多地重复下列训练：

10次阿拉贝斯克（右腿），100次腹部运动（各种类型），10次阿拉贝斯克（左腿），10次俯卧撑（第158页），100次腹部运动（各种类型）。

直腿硬拉

正如其名，该动作通过限制膝关节弯曲程度，更有效地训练竖脊肌。注意不要弓背或后倾骨盆。这些错误动作在此类型的训练中很常见（请参阅第58页关于椎间盘损伤的内容，以便更好地了解风险）。

胸部张开，肩部向后伸展。

训练——直腿硬拉

训练1——直腿

5组，每组10次直腿硬拉。

5组，每组5次硬拉（第125页）。

然后在10分钟内尽可能多地重复以下训练：

2次直腿硬拉，达到硬拉极限的50%～60%，

3次不变重量硬拉，10次哑铃卧推或壶铃卧推。

训练2——疯狂练习

5组，每组3次高翻（第34页），4次屈膝跳。

恢复时间尽量与训练时间相等。

6组，每组20次直腿硬拉。

训练3——哥伦比亚式

5组，每组5次深蹲（第89页）。

以下动作做15组，每组用时1分钟：

1次直腿硬拉，达到硬拉极限的80%；

1次深蹲，达到深蹲极限的70%；1次跳箱。

相扑硬拉

举重运动员都知道，对于那些想要举重的人来说，这项训练可以很好地代替传统的硬拉。该训练锻炼后链肌群的方式与传统硬拉不同，因此建议在练习过程中要改变举重的方法。基本原则均适用，但握力要稍微小些，双脚站立的距离应更宽（宽于髋部或肩部）。在完成动作过程中要张开胸部，肩膀后拉，避免弓背。相扑硬拉通常与上拉相结合。

训练——相扑硬拉

训练1——3&15

3组，每组5次硬拉（第125页）。

尽可能快地重复3 ~ 5组以下动作：15次引体向上（第143页），15次波比跳（第165页），15次相扑硬拉。

训练2——卷寿司

尽可能快地重复以下训练：
15次相扑硬拉，30次引体向上（第143页）；
12次相扑硬拉，25次引体向上；
10次相扑硬拉，20次引体向上；
8次相扑硬拉，15次引体向上；
6次相扑硬拉，10次引体向上；
5次相扑硬拉，5次引体向上。

训练3——樱花

3组，每组5次深蹲（第89页）。

按照下面的次数，尽可能快地重复训练：21次、18次、15次、12次、9次、6次、3次相扑硬拉与肩部推举（两者交替进行）。

弓 步

这个练习有许多版本：杠铃放在肩部或头部上方（弓步抓举）、直臂手握哑铃、胸前握壶铃等。弓步可以向前、向后或向一侧。然后练习者回到起始位置，这叫作弓步回位。练习者可以保持双脚前后分开位置不变进行弓步下蹲，即分腿深蹲。练习者也可以进行弓步走。练习者可以在一条腿彻底疲惫时再用另一侧训练，也可以在每次练习中换腿。练习者还可以进行弓步跳跃，即前后两条腿在跳跃至空中时切换。弓步可以锻炼股四头肌、股二头肌和臀大肌。大弓步会更多地锻炼臀部肌肉，而小弓步则更多地锻炼股四头肌。

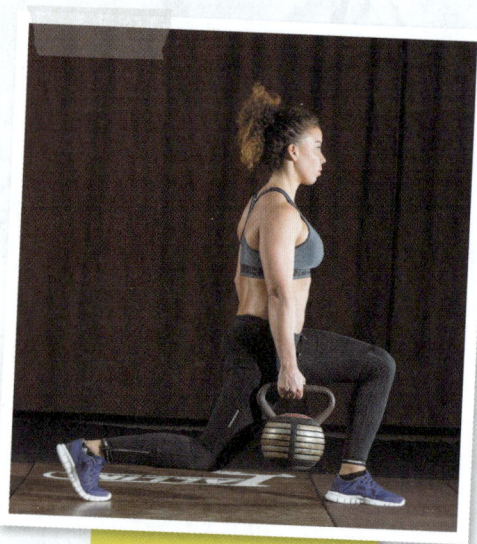

技术要点

开始时，==双脚平行且间距略小于髋部==。如果你在用杠铃做前弓步，那么杠铃应该放在肩膀的后面，而不要放在颈部上，以减轻对脊柱的压力。如果用哑铃做前弓步，那么应该直臂握哑铃。如果用壶铃做弓步走，那么可以像做哑铃弓步一样用一只手握住壶铃，或者弯曲双臂，双手将壶铃提拉到胸前。==注意不要让壶铃的重量拉动你向前，==不可出现弓背或向前倾斜。膝关节和脚尖方向一致（不要像击剑弓步一样张开后脚），向前迈一大步，然后弯曲前腿，直到后腿的膝关节触到地面。用前腿带动身体回到起始姿势。弓步走站起来的时候重心集中在前腿，并将后腿移到前腿旁边。

根据目标调整弓步

弓步跳跃有助于增强力量

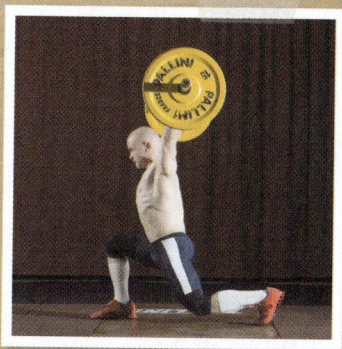

抓举弓步可以增强整体稳定性

训练——弓步

训练1——弓步空想

5组：50次交替弓步，21次波比跳（第165页）。

训练2——乞力马扎罗

30次交替弓步，达到运动极限的40%。
21次引体向上（第143页），21次仰卧起坐。
28次交替弓步，18次引体向上，18次仰卧起坐。
26次交替弓步，16次引体向上，16次仰卧起坐。
24次交替弓步，14次引体向上，14次仰卧起坐。
22次交替弓步，12次引体向上，12次仰卧起坐。
20次交替弓步，10次引体向上，10次仰卧起坐。
18次交替弓步，8次引体向上，8次仰卧起坐。
16次交替弓步，6次引体向上，6次仰卧起坐。

训练3——弓步力量

3组，每组3次抓举（第60页）。
3组，每组5次深蹲（第89页）。

尽可能快地完成3组以下训练：3次抓举，30米弓步走，20次波比跳（第165页）。

自重训练

大菱形肌

肱桡肌

大圆肌

背阔肌

✖ 引体向上

　　引体向上是一项很常见的训练。进行该训练需要少量的设备。这项训练可以锻炼背部肌肉、肱二头肌和前臂肌肉。传统的引体向上可以做如下变化。

● 正握或反握（低手），或者设备允许的话，采用中立位握法（手掌相对）。

● 双手间距可宽可窄。

　　这些变化的目的是集中训练不同部位的肌肉。

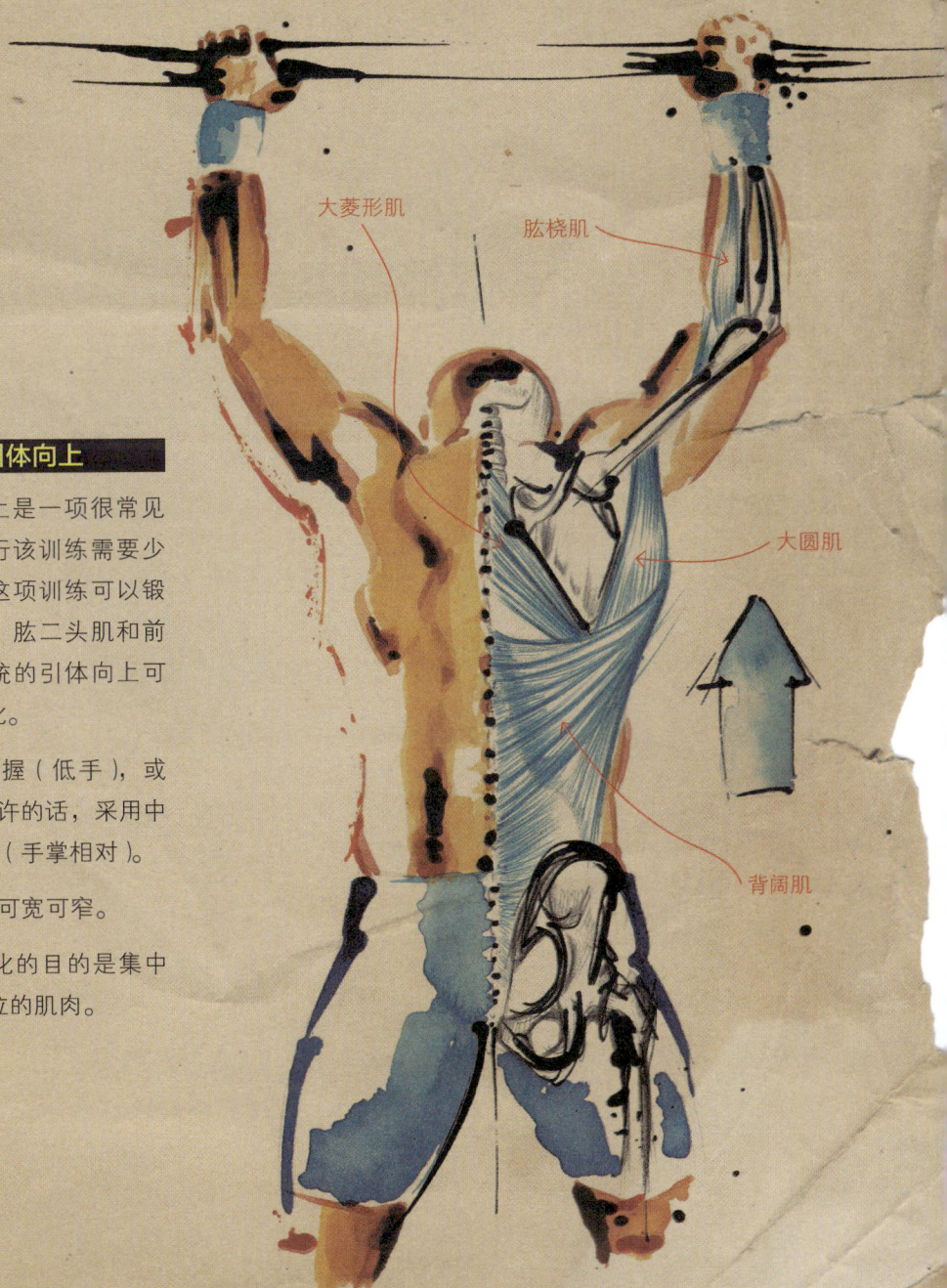

技术要点

抓住单杠，收紧肩胛骨，避免过度突出腰部曲线，拉直身体。你可以伸展双臂（见右图），但要控制身体，因为身体颤动会导致关节不稳定。在练习开始时主要拉动肩胛骨，以加强背部发力，并提高肩膀的控制力（第86页）。

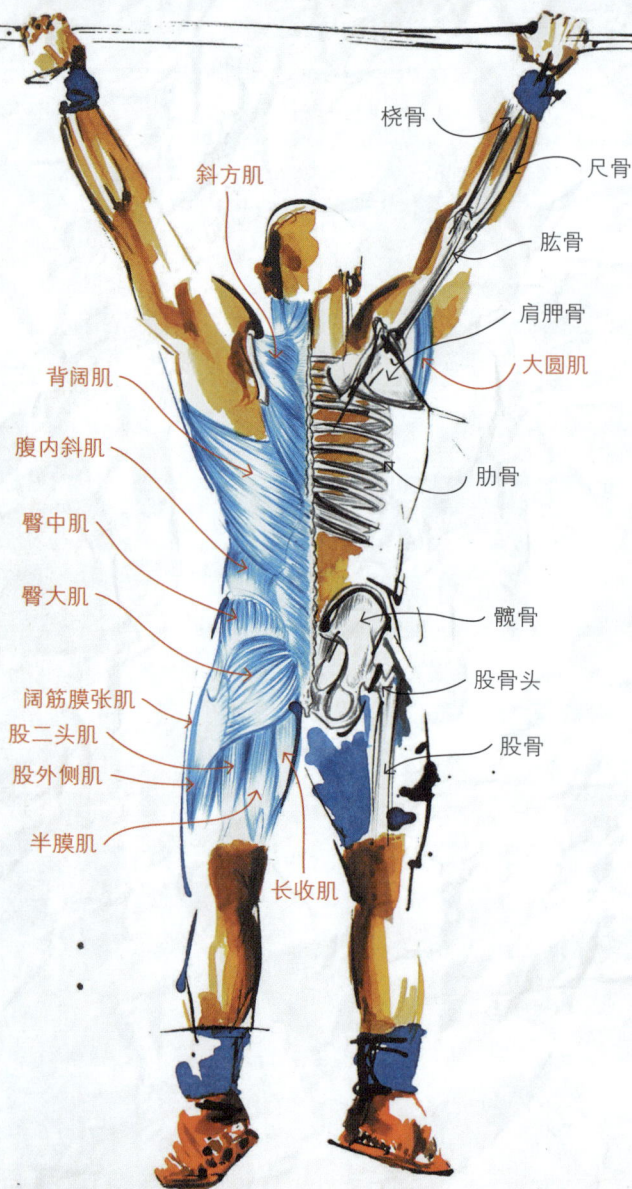

斜方肌

背阔肌

腹内斜肌

臀中肌

臀大肌

阔筋膜张肌

股二头肌

股外侧肌

半膜肌

长收肌

桡骨

尺骨

肱骨

肩胛骨

大圆肌

肋骨

髋骨

股骨头

股骨

引体向上的危险之处在于身体突然下落。我们必须控制自己下落的速度

训练——引体向上

训练1——手臂与腿部

5组：尽可能多次重复前蹲（第97页），然后做引体向上。

训练2——重要练习

3组：100米跑步，12次引体向上，100米跑步，24次交替壶铃甩摆（第130页），200米跑步。

训练3——全力下蹲

3组：分别重复做21次、15次、9次深蹲（第89页），然后做引体向上。

肱二头肌

肱肌

肱三头肌

胸大肌

背阔肌

前锯肌

腹外斜肌

腹直肌

腹内斜肌

弓箭手引体向上

　　这种引体向上的动作很难，它要求一侧手拉动身体向上，同时对侧手臂尽量保持伸直。伸直的手臂在侧面产生一个推动力，另一只手臂进行引体向上。保证练习有效的方法就是保持身体不摇摆。

训练——弓箭手引体向上

训练1——4×100

自己规定运动组数，重复做以下训练：100次弓箭手引体向上，100次徒手深蹲，100次击掌俯卧撑（第167页），100次跳箱。

训练2——死亡沙滩

1分钟完成以下训练：10次常规引体向上（第143页），10次弓箭手引体向上，10次击掌引体向上（第148页），10次常规引体向上，10次弓箭手引体向上，10次击掌引体向上，10次常规引体向上。

5千米跑步。

训练3——英式弓箭

5组，无时间限制，每组之间3分钟积极性恢复：3次高翻（第34页），10次弓箭手引体向上，6次跳箱，10次弓箭手引体向上，5次深蹲（第89页），10次弓箭手引体向上，3次高翻。

松手（击掌）引体向上

　　该练习与传统引体向上的动作基本一致，只需要在运动的同时用尽可能多的力量，这样当下颌经过横杠时你就可以松开手（甚至击掌）。运动过程中要注意下降的速度。控制动作足够慢，这样可以避免该训练对关节的损伤。

练习者需要时间逐渐增强信心，掌握运动节奏，并判断在适当的时机松手

击掌引体向上要运用爆发力，更适用于少的训练次数（少于8次）的训练，不适合次数太多的训练

训练——击掌引体向上

训练1——拍拍拍

3组，每组3次抓举（第60页）。

3组，每组5次过顶深蹲（第100页）。

12分钟内尽可能多地重复以下训练：4次击掌引体向上，6次击掌俯卧撑（第167页），10次屈膝跳（与地面的接触时间最少，跳至最高）。

训练2——力量击掌

5组，每组5次深蹲（第89页）。

以下训练做6组，每2组之间休息2～3分钟：3次抓举（第60页），6次最高纵跳，6次击掌引体向上。

训练3——结束时间

3组，每组5次卧推（第120页）。

3组，每组5次硬拉（第125页）。

以下训练做6组，每组结束后恢复2分钟：3次高翻挺举（第34页），达到运动极限的70%；4次击掌引体向上；10次俯卧撑（第158页）；10次徒手深蹲和屈膝跳。

辅助式引体向上

一些高强度训练计划存在一个缺点，那就是不适合初学者，超出其身体水平。因此，他们很容易出现运动损伤，这在自重训练中常发生。例如，一个年轻的男子体重187磅（约85千克），他无法承受187磅的重量做引体向上。因此，调节重量至关重要。通过同伴帮助或借助弹力带，练习者可以减轻体重负荷进行引体向上。

对于长期训练且有经验的练习者来讲，辅助式引体向上也是很好的。预计训练所需消耗，提前完成任务，要比疲惫后以较差的质量完成动作更好。

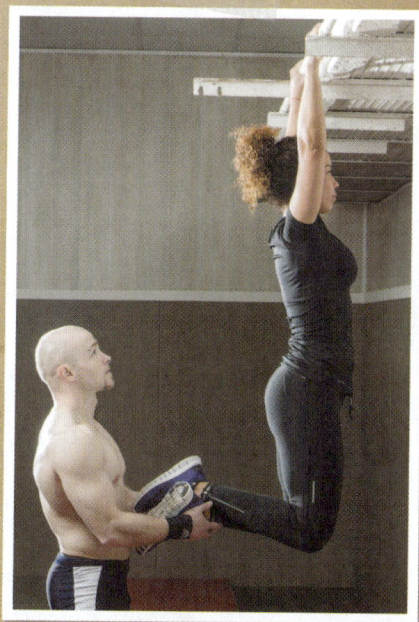

双力臂

　　这种引体向上要比辅助式引体向上更难。双力臂是运用初动量加上轻微地摇摆身体，将肩膀提到横杠上方，然后双臂发力向上推，直到手臂完全伸直。

如何4步完成双力臂？

1. 做大量的引体向上加强肌肉力量。

2. 利用爆发式发力，练习摆动，以将肩膀提至横杠上方。

3. 用多条弹力带辅助练习以完整地完成动作。

4. 一段时间后，逐渐将弹力带移开，直到能够拉起自己。

  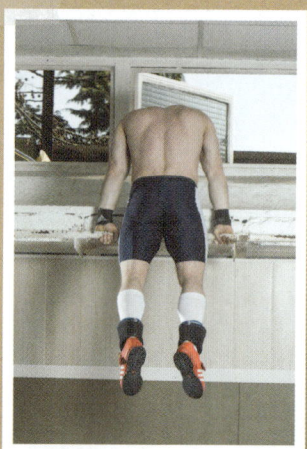

训练——引体向上

训练1——忍者神龟

3组，每组3次抓举（第60页）。

3组，每组5次过顶深蹲（第100页）。

以下训练做5组，每组结束后恢复3分钟：1～3次引体向上（根据自身水平），3次深蹲（第89页），50米全速跑。

训练2——巴尔干半岛体操运动员

10组，每组1次深蹲（第89页），最多恢复1分钟。

做5组，每组结束后休息2分钟，从而使动作更加到位（动作不到位时应立即停止运动）：尽可能多地完成中立位握杆引体向上，尽可能多地完成正手握杆引体向上，尽可能多地完成反手握杆引体向上（是否用弹力带，取决于自身水平）。

训练3——力量规模

3组，每组5次过顶深蹲（第100页）；3组，每组10次杠铃腹肌滑滚（第190页）。

3次高翻（第34页），达到高翻极限的70%，休息1分钟；3次双力臂（是否用弹力带，取决于自身水平），休息1分钟。

3组，每组1次负重深蹲（第89页），1次无杠跳，休息3分钟。

2次高翻，达到高翻极限的70%，休息1分钟；2次双力臂（是否用弹力带，取决于自身水平），休息1分钟。

2组，每组1次负重深蹲，1次无杠跳，休息3分钟。

1次高翻，达到高翻极限的70%，休息1分钟；1次双力臂（是否用弹力带，取决于自身水平），休息1分钟。

1组，1次负重深蹲，1次无杠跳，休息3分钟。

爬绳

在拉绳练习类运动中，爬绳是非常古老的运动，但它也是众多运动中最有效的运动之一。和引体向上一样，爬绳需要身体大量肌肉参与，同时也带来了其他的好处。

➡ 对心血管系统的需求增加。

➡ 是一项有趣的训练。

➡ 每次重点训练身体的一侧。

➡ 肩部在更大范围内运动。

大圆肌、背阔肌、肱二头肌及前臂肌肉（都与拉动动作相关）以及施加在核心肌群上的高强度负荷，使爬绳成为锻炼上肢和躯干的最有效的运动之一。

爬绳并不一定要求爬得尽可能高；重复进行小距离攀爬往往更难！

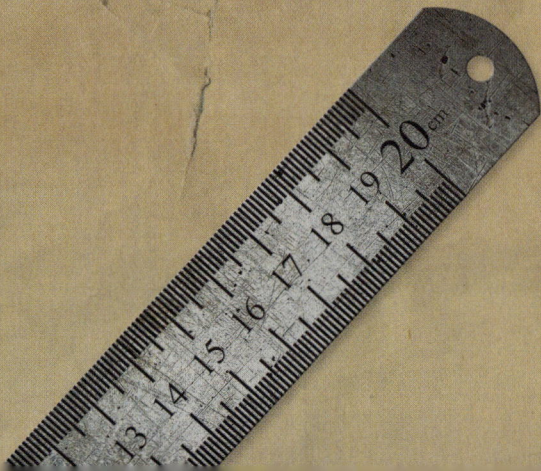

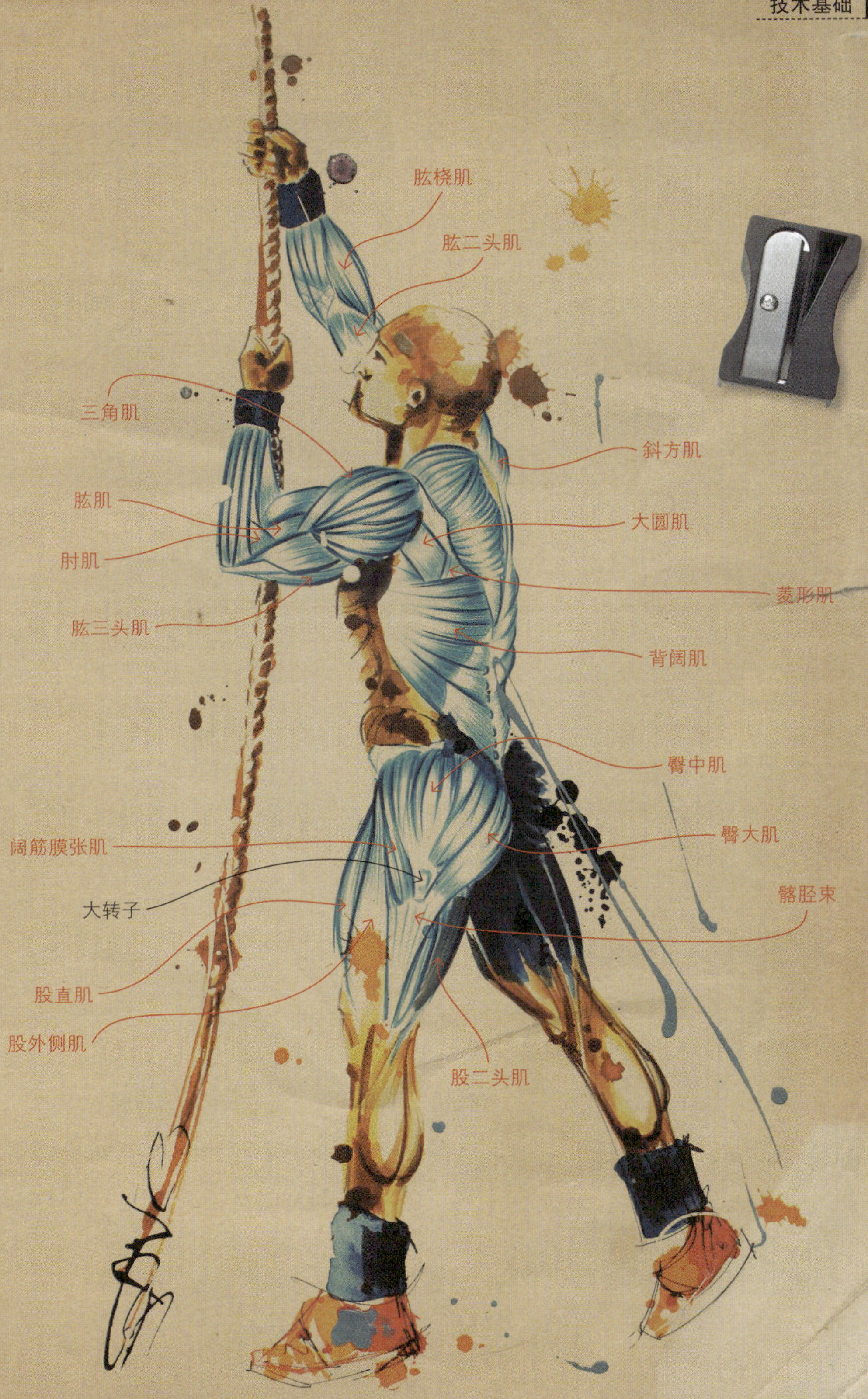

肱桡肌

肱二头肌

三角肌

斜方肌

肱肌

大圆肌

肘肌

菱形肌

肱三头肌

背阔肌

臀中肌

阔筋膜张肌

臀大肌

大转子

髂胫束

股直肌

股外侧肌

股二头肌

开始爬绳

开始爬绳是很难的。许多初学者可能仅保持拉绳悬挂在绳上就很困难了。如果你是这种情况，建议你用几周时间做一些调整训练，直到力量足够，方法正确。规范的训练首先应该是躺在地面上用绳子练习。将绳子放在既不滑也不黏的地面上。绳子的一端系在壶铃或哑铃上，你仰卧在绳子的另一端，然后抓住绳子，将重物拉向身体。当你变得更加强壮时，绳子的配重也要逐渐增大。准备好了，再尝试爬吊绳。

另一种方法是利用离心运动来增强力量。站在靠近绳子的支撑物或长凳上，可以练习沿绳子下滑，同时控制速度。这样可以免于练习最难的部分（攀爬），但你仍然需要用绳子练习。经过几次离心运动后，你会变得更加有力，这时应该尝试进行攀爬部分的训练。

你还可以双脚踩实地面来克服体重。这种练习叫作无尽爬绳，需要一个同伴来配合。将绳子穿过引体向上杠，同伴握住绳子一端，你尽可能用力地拉另一端，同伴通过对抗来减慢绳子的滑动。

训练——爬绳

训练1——拉紧绳子

尽可能快速地完成以下训练：5组，每组4次硬拉（第125页），2次爬绳，20次仰卧起坐，3次直腿硬拉（第136页）。

训练结束时加练3组：4次核心训练，每次40秒，每次结束恢复30秒。

训练2——拉紧绳子行走

5组，每组10次（最多重复次数）前蹲（第97页），达到前蹲极限的70%，组间休息时间不超过1分钟。

8组爬绳：标准爬绳，共6米，每爬2米保持5秒；标准爬绳，共6米，尽可能放慢下降速度；标准爬绳，6米爆发式行进（尽可能快地爬）；标准爬绳，尽可能久地悬在绳子上。

4组，每组10次杠铃腹肌滑滚（第190页）。

训练3——绳上跑

以下训练做12组，每组用时1分钟：1次高翻挺举（第34页），然后，不要放下杠铃，做2次前蹲（第97页），接着进行5米爬绳。

5组，每组5次卧推（第120页）。

✖ 俯卧撑

在没有器械的情况下，俯卧撑一直是增强上半身力量的主要练习。这项练习可以锻炼胸部肌肉、肱三头肌和三角肌前束。

你可以在一个上斜或下斜的表面做俯卧撑（根据手或脚高度的不同分为上斜俯卧撑和下斜俯卧撑），这使得训练更容易或更难，也可以重点训练目标肌肉。手间距很重要，它决定了肱三头肌的负重（手间距越近，肱三头肌发力就越难）。我们建议你从双手最舒适的位置开始，这个位置很有可能最适合你的体形。

如果你稍微向内旋转双手，可以更多地锻炼肱三头肌。脚的位置也需要考虑，脚间距越大时，该动作会越容易。

如果你是初学者，可以将膝盖置于地上，以此减轻负荷。

你也可以在肩上和双手下紧紧地缠上弹力带，以增加训练难度。

更强壮的练习者可以用手指支撑做俯卧撑。

技术要点

双手平放于地面上，面向地面。你可以把双手放在自己认为舒适的位置。注意保持身体呈一条直线。尽可能不要弯曲髋部或弓背，否则身体容易倾倒。为了保持正确的姿势，收紧腹部和臀部肌肉，挺胸，头部保持在中间位置。请勿低头。身体向下时吸气，同时身体尽可能贴近地面，身体向上时用力呼气。

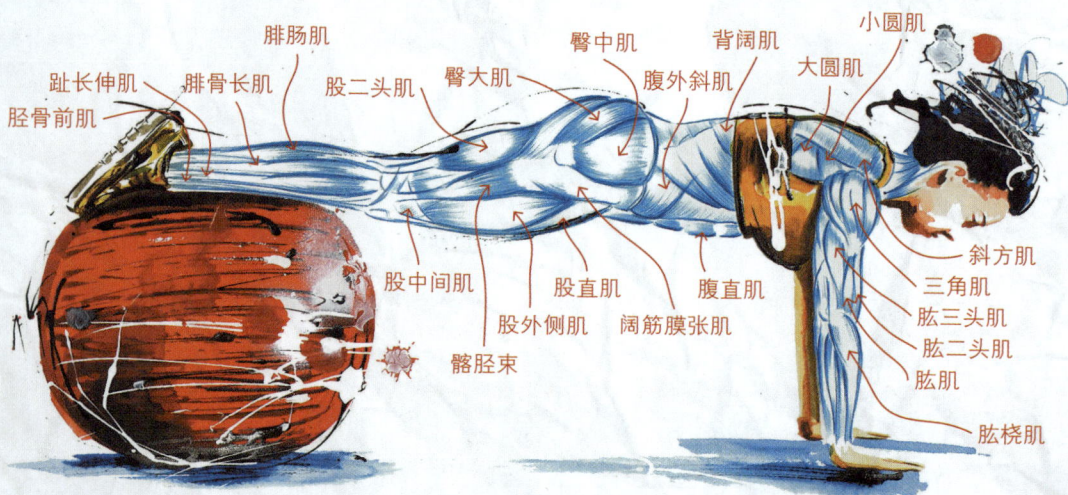

趾长伸肌
胫骨前肌
腓骨长肌
腓肠肌
股二头肌
臀大肌
臀中肌
腹外斜肌
背阔肌
大圆肌
小圆肌
斜方肌
三角肌
肱三头肌
肱二头肌
肱肌
肱桡肌
股中间肌
股直肌
腹直肌
股外侧肌
阔筋膜张肌
髂胫束

标准俯卧撑

下斜俯卧撑

上斜俯卧撑

指式俯卧撑

窄距俯卧撑

宽距俯卧撑

做俯卧撑时，请保持身体呈直线，以增强练习效果。

训练——俯卧撑

训练1——咆哮俯卧撑

做1组俯卧撑，直到做不动为止。后续训练：每组减去2次俯卧撑，直到做到每组20次，然后每组减去1次俯卧撑。组间最多休息1分钟。

例如，第1组做24次俯卧撑，那么休息1分钟后，做22次，后面依次是20次、19次、18次，以此类推。

最后做10组，每组10次单腿深蹲（第108页），10次屈膝跳。

训练2——推，推，推

25次深蹲（第89页），20次俯卧撑。
20次深蹲，32次俯卧撑。
15次深蹲，24次俯卧撑。
10次深蹲，16次俯卧撑。
5次深蹲，8次俯卧撑。

训练3——10次俯卧撑，10秒

双腿各做3组，每组5次手枪式深蹲（第111页）。
10次俯卧撑，原地跳或者跳绳10秒；重复此训练直到做不动为止。

加练：连续6分钟交替做10次腹部运动和10次不间断仰卧起坐，两项运动交替完成。

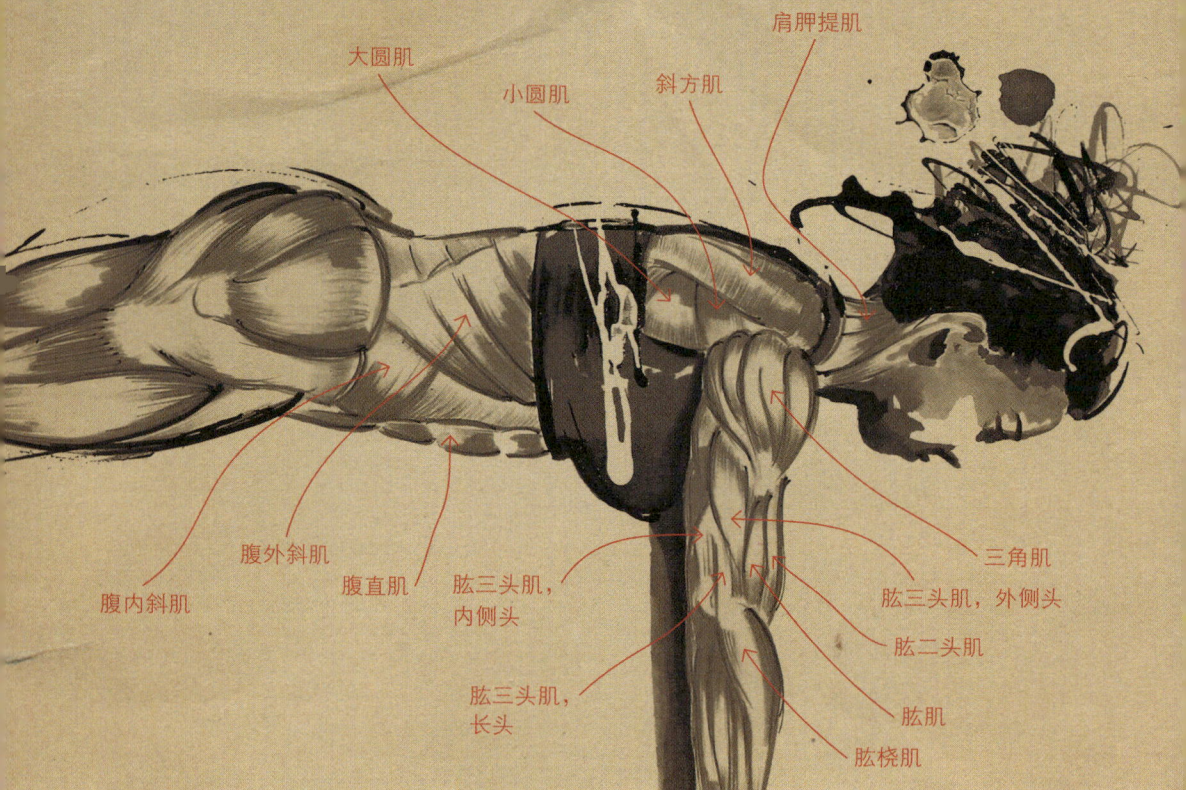

大圆肌

小圆肌

斜方肌

肩胛提肌

腹外斜肌

腹直肌

肱三头肌，内侧头

腹内斜肌

肱三头肌，长头

三角肌

肱三头肌，外侧头

肱二头肌

肱肌

肱桡肌

叛逆者划船

这套练习也可以归为核心训练或拉类训练。

开始时，双手紧握两个哑铃或两个壶铃做俯卧撑。下文是该练习的三个阶段或称三个姿势。

➡️ **俯卧撑：** 只做一次俯卧撑，双手支撑在两个同样的哑铃上。

➡️ **划船：** 单手直臂支撑，另一只手肘弯曲，将哑铃上拉至髋部或肋骨高度。

➡️ **肩部推举：** 继续将哑铃上举，直到举过头顶。上方手臂保持伸直，双臂尽量对齐。头部保持在中间位置。

在练习过程中，请勿将髋部向前倾或上背部弯曲。

在整个运动过程中，请保持臀部和腹部肌肉收紧，胸部打开，肩胛骨收紧。

最后，要确保身体呈一条直线，尤其要保持髋关节伸展。随意组合这三个动作，以你喜欢的顺序重复练习。

在此展示的是该训练的完整动作。你可以将其分解为三步或三项进行练习。
—俯卧撑。
—划船。
—肩部推举。

训练——叛逆者划船

训练1——经典荟萃

3组，每组7次过顶深蹲（第100页）；3组，每组5次前蹲（第97页）。
10组，每组10次叛逆者俯卧撑，10次叛逆者划船；10组，每组1次叛逆者肩部推举。
10轮完整的叛逆者（俯卧撑，划船，肩部推举）。

训练2——叛逆者审判

20分钟内，尽可能多地重复以下训练：10次俯卧撑和叛逆者划船，10次哑铃推举（第103页）。

训练3——叛逆者下落

21次叛逆者划船，21次哑铃深蹲。
18次叛逆者划船，18次哑铃深蹲。
15次叛逆者划船，15次哑铃深蹲。
12次叛逆者划船，12次哑铃深蹲。
9次叛逆者划船，9次哑铃深蹲。
5次叛逆者划船，5次哑铃深蹲。
3次叛逆者划船，3次哑铃深蹲。
1次叛逆者划船，1次哑铃深蹲。

波比跳

这项动态练习结合了深蹲、俯卧撑以及一个连贯性的快速跳跃动作。该练习的三部分具有不同难度等级。

➡ **直臂式波比跳：**训练的主要关注点是代谢耐力而不是肌肉耐力，要注意肩部的稳定性，有助于提高速度。

➡ **俯卧撑式波比跳：**对上半身肌肉施加更大的压力，而不仅仅是保持平板支撑姿势。

➡ **跳跃式波比跳（屈膝跳或X形跳）：**完整的版本需要下半身产生跳跃的力量，从而满足整个身体肌肉和新陈代谢的需求。

完整的波比跳，要在站立的位置，迅速深蹲，将腿向后踢，形成平板支撑姿势，做一个俯卧撑，然后屈膝，尽可能快速跳起并回到站立姿态。

训练——波比跳

训练1——灾害

尽可能快地完成以下训练：

400米全速冲刺，50次弓步跳，40次平板波比跳，30次ITW字练习（第30页）；

20次俯卧撑波比跳和引体向上（第143页），10次过顶深蹲（第100页）；

20次完整的波比跳和引体向上，30次ITW字练习。

训练2——双层奶酪

尽可能快地重复100次以下训练：

2次俯卧撑（第158页），2次完整的波比跳，2次引体向上（第143页）。

训练3——十二人桌

以下训练做12组：

12次俯卧撑（第158页），12次完整的波比跳，12次引体向上（第143页）。

击掌俯卧撑

在这项需要爆发力的俯卧撑练习中，你的双手必须迅速离开地面，到足够的高度以便击掌。你可以借助台阶或者药球，改变双手的高度或者仅用一只手来训练。

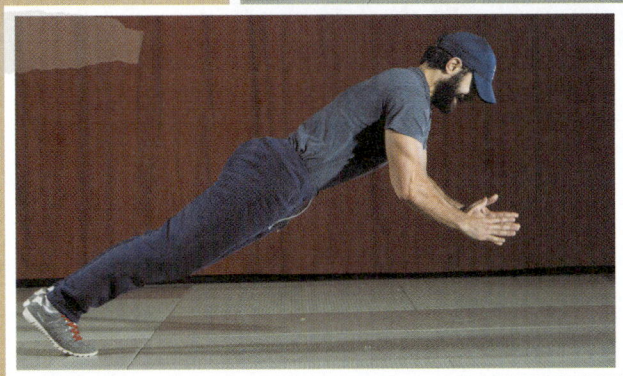

俯卧撑是一项加强上半身力量的运动，是一项核心训练；请尽量保持身体呈一条直线

训练——击掌俯卧撑

训练1——蹲得越少，推得越多

5组，每组3次硬拉（第125页），6次击掌引体向上（第148页），恢复2分钟。

10次深蹲（第89页），5次击掌俯卧撑，15次硬拉。

8次深蹲，7次击掌俯卧撑，12次硬拉。

6次深蹲，9次击掌俯卧撑，9次硬拉。

4次深蹲，11次击掌俯卧撑，6次硬拉。

2次深蹲，尽可能多地重复击掌俯卧撑，4次硬拉。

训练2——最后击掌

4组，每组8次深蹲（第89页），每组结束后最多休息90秒。

4组，每组8次负重引体向上（第143页），组间最多休息90秒。

尽可能快地做4组以下训练：15次击掌俯卧撑，30次屈膝跳。

训练3——起动击掌

5次前蹲（第97页），休息3分钟；5次深蹲（第89页），休息3分钟；5次前蹲，休息3分钟；5次深蹲，休息3分钟。

7组，每组8次交替击掌俯卧撑（借助一个台阶），努力达到最大高度，然后进行50米全速冲刺，恢复4分钟。

✖ 爆发式俯卧撑
双膝跪抱俯卧撑

　　这是击掌俯卧撑最难的变式之一。双手推离地面带动双腿屈膝离地，然后再回到起始姿势。一个更难的变式是抱膝跳时进行半旋转。双膝跪抱俯卧撑将腹部运动和爆发性俯卧撑结合在一起。

①

③

②

双膝跪抱
俯卧撑

技术要点

1. 手臂伸展时，争取获得最大的推动力。

2. 尽可能高而快地抱住双膝。

3. 着地时，保持身体呈一条直线。

注意腰大肌的解剖位置，其是连接着腰椎的（见下页）。因此，在某些完全开放式的练习中，身体呈直线可能会受到影响。在此练习中观察背部和骨盆的位置，你会发现躯干和腿并没有接触。

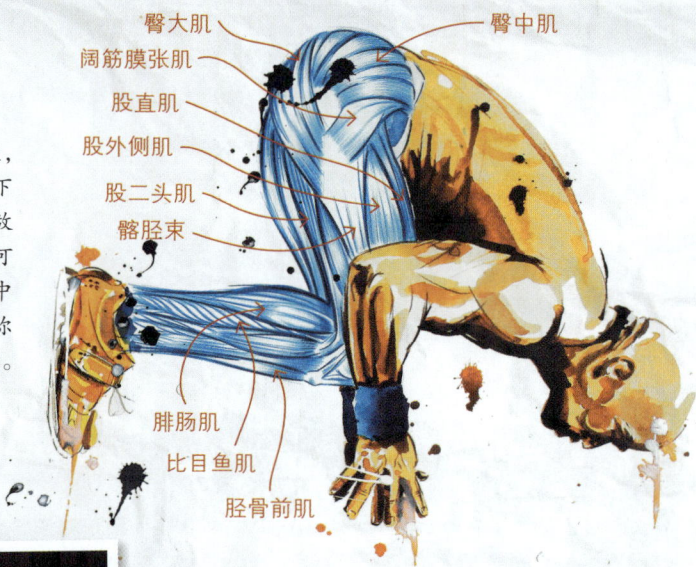

臀大肌
阔筋膜张肌
股直肌
股外侧肌
股二头肌
髂胫束
臀中肌
腓肠肌
比目鱼肌
胫骨前肌

① 　半旋转式俯卧撑　②

③ 　④

这里双手向上推的速度要比双膝跪抱俯卧撑快；试着尽可能快且高地完成动作。

阿芝台克俯卧撑

就像双膝跪抱俯卧撑一样，该练习的技巧是用足够的力量上推身体使伸直的腿和躯干一起腾空。躯干和腿一起带动训练腹部肌肉、髋屈肌、竖脊肌，甚至更多部位的肌肉。由于在短时间内必须产生大量的动力，并与脊柱所有部位的动态稳定练习相结合，因此该练习不需要额外的重量，但其锻炼的目标肌肉的数量惊人。

腰大肌的强化和伸展程度要一致。腰大肌处于这种拉紧状态之前，要先拉伸腰大肌。

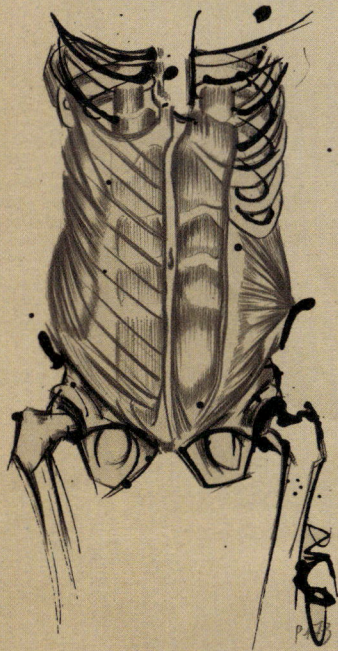

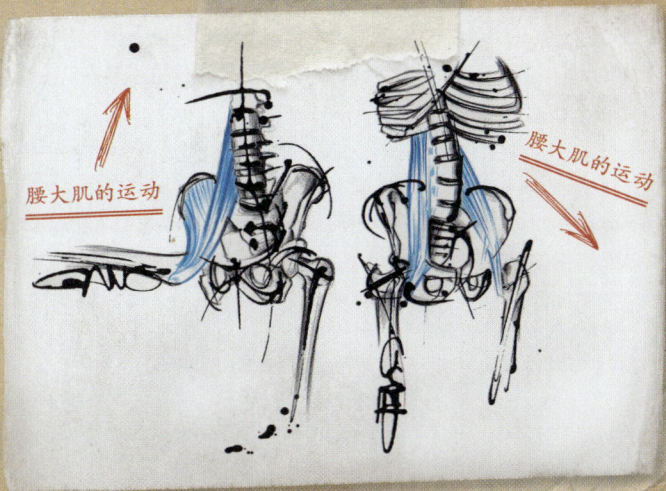

腰大肌的运动

腰大肌的运动

超人俯卧撑

按照双膝跪抱俯卧撑和阿芝台克俯卧撑的原则练习，产生的动力能够让你在腾空时保持身体大致水平。此外，这项练习既可以提高升大力量也可以加强身体稳定性。

这种高级训练不适合初学者

训练——爆发式俯卧撑

训练1——分克爵士

10分钟，每分钟1组：
10次单臂壶铃甩摆（每侧5次），
5次完整的波比跳（第165页）。
恢复4分钟。

然后10分钟，每分钟1组：
5次双手壶铃甩摆（第128页），
4次半旋转式双膝跪抱俯卧撑，然
后4次四分之一旋转式双膝跪抱俯
卧撑。

训练2——俯卧撑敲击

4组：10次深蹲（第89页），15秒跳
绳，10次屈膝跳，15秒跳绳。

从半旋转式双膝跪抱俯卧撑开始，
每30秒加1次俯卧撑。当你感到疲
惫时，换回普通的双膝跪抱俯卧撑，
然后做击掌俯卧撑，再然后做普通
的俯卧撑。
直到做不动为止。

训练3——爱上俯卧撑

100米跑步。

15次俯卧撑（第158页）。

5次完整的波比跳（第165页）。

2次半旋转式双膝跪抱俯卧撑。

100米跑步。

10次俯卧撑。

5次完整的波比跳。

10次击掌俯卧撑。

5次俯卧撑式波比跳。

100米跑步。

20次俯卧撑。

5次完整的波比跳。

5次双膝跪抱俯卧撑或阿芝台克俯
卧撑。

5次俯卧撑式波比跳。

100米跑步。

8次俯卧撑。

5次俯卧撑式波比跳。

5次超人俯卧撑。

5次完整的波比跳。

10次指式俯卧撑。

100米跑步。

✖ 战绳

战绳训练可以用来提升代谢耐力和肌肉力量。你可以用不同长度、重量和粗细的绳子来改变练习重点。技术要点：腿弯曲，背挺直，身体向前倾，抬头，注视着地平线上的一个点。其他变式：用单手或双手摆动；小、中、大幅度摆动；侧摆式；交叉绳子式或反握式；提到一侧（星形）。随着协调能力的提高，你可以增加腿部动作。

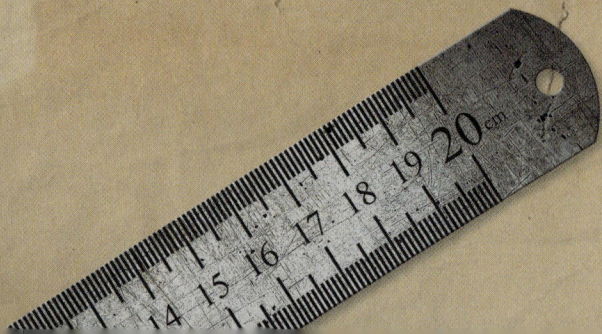

战绳可以帮助你提高身体心血管耐力，同时也能锻炼背部和手臂的力量。

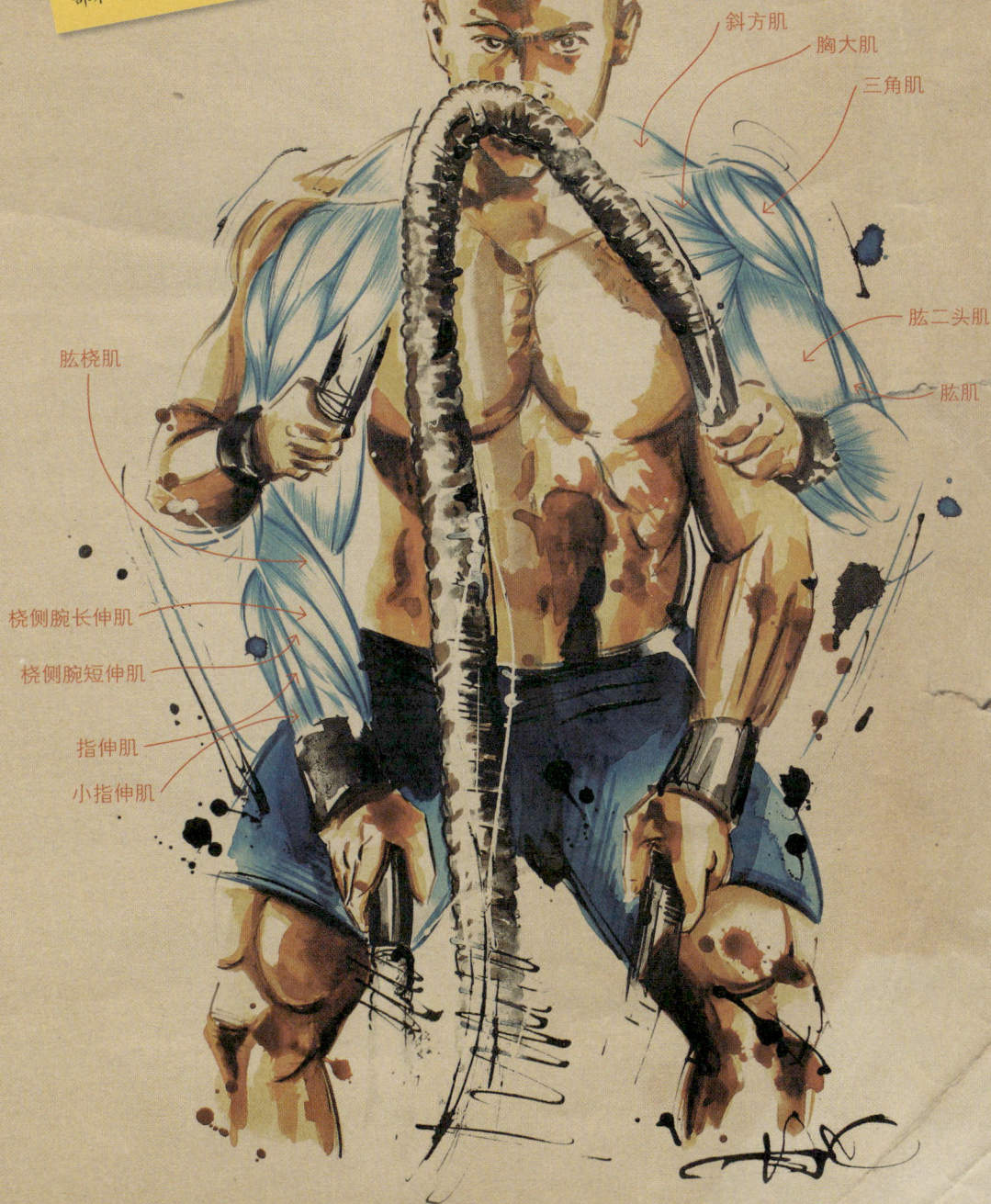

斜方肌

胸大肌

三角肌

肱二头肌

肱肌

肱桡肌

桡侧腕长伸肌

桡侧腕短伸肌

指伸肌

小指伸肌

腿部稍微弯曲

双手在不同
高度的普通
摆动

这些练习都可以
移动双脚来做些改
变，可以将脚从前面
移动到后面、侧面或
成弓步。

即使背部不直接
承担任何重量，也要
稳固地保持其位置。

双手同样高度
的大幅摆动

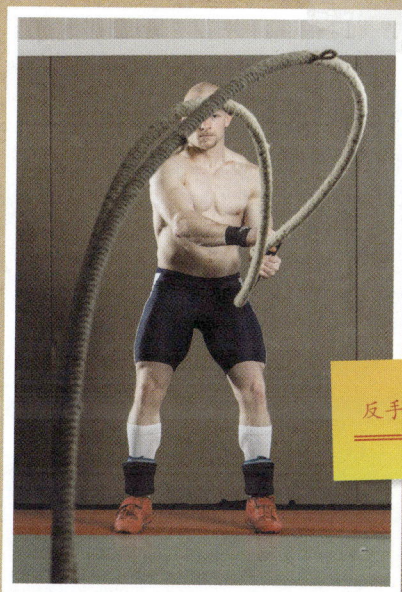

反手握摆动

交叉摆动

在训练中，你可以随意变换练习动作

①

星形摆动

②

③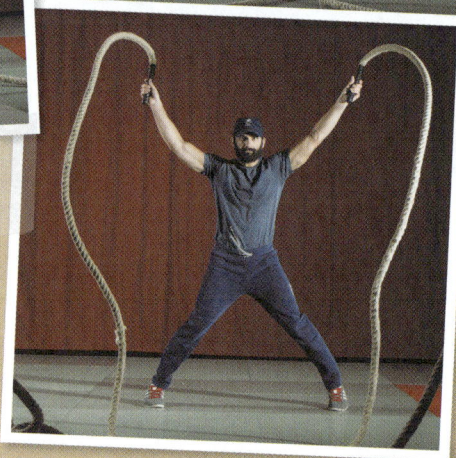

该表格总结了战绳
训练的不同效果

	有氧	力量	协调	核心
普通摆动	**	**	*	*
小幅度摆动	***	*	**	*
大幅度摆动	**	**	**	**
双手摆动	*	***	*	**
反手握摆动	*	**	**	***
交叉摆动	*	*	***	**
星形摆动	**	*	***	*

训练——战绳

训练1——俄罗斯山脉

3组，每组10次跳箱；3组，每组10次屈膝跳。
3组，每组10次完整的波比跳（第165页）。

以下动作做10分钟：20秒战绳普通摆动，20米全速冲刺跑（来回2×
10米），10次完整的波比跳，20秒战绳双手摆动，10次屈膝跳，10次
跳跃式波比跳。

10组，每组30秒快跑，30秒慢跑。

训练2——多重终端

尽可能快地完成6组以下训练：10次屈膝跳，10次战绳双手摆动，10
次直臂式波比跳（第165页），10次战绳大幅度摆动，400米跑步。

训练3——索尼克摆动

10组，每组1分钟：尽可能快地挥动战绳，每次持续10秒。

以下训练做10组：10次战绳双手摆动，5次俯卧撑（第158页），以最
大速度进行50米冲刺跑。组间恢复3分钟。

✖ 臂屈伸

还有一种经典的运动是在平行杠上做臂屈伸，其可以极大地锻炼胸部肌肉、肱三头肌和三角肌。简单的臂屈伸是高强度训练的基本训练，但这并不意味着它的技术含量较低。简单的臂屈伸往往以点斜式结束。本书其他地方有所论述，运用点斜式的练习者的肩部可能会有受伤的风险。

臂屈伸有时会用吊环来完成，由于吊环本身具有不稳定性，这会增加对肌肉的锻炼（如锻炼背阔肌）。

技术要点

你的手臂应该是伸直的，手应该放在杠上，肩部应该在手前方。头部保持在中间舒适的位置（不要弓背，也不要将头抬得太高）。弯曲手臂以降低身体，但是尽量保持身体直立（避免任何摆动或倾斜）。

当肩膀与肘部齐平时，推杠使身体上升，但要尽可能使身体的运动轨迹保持垂直。

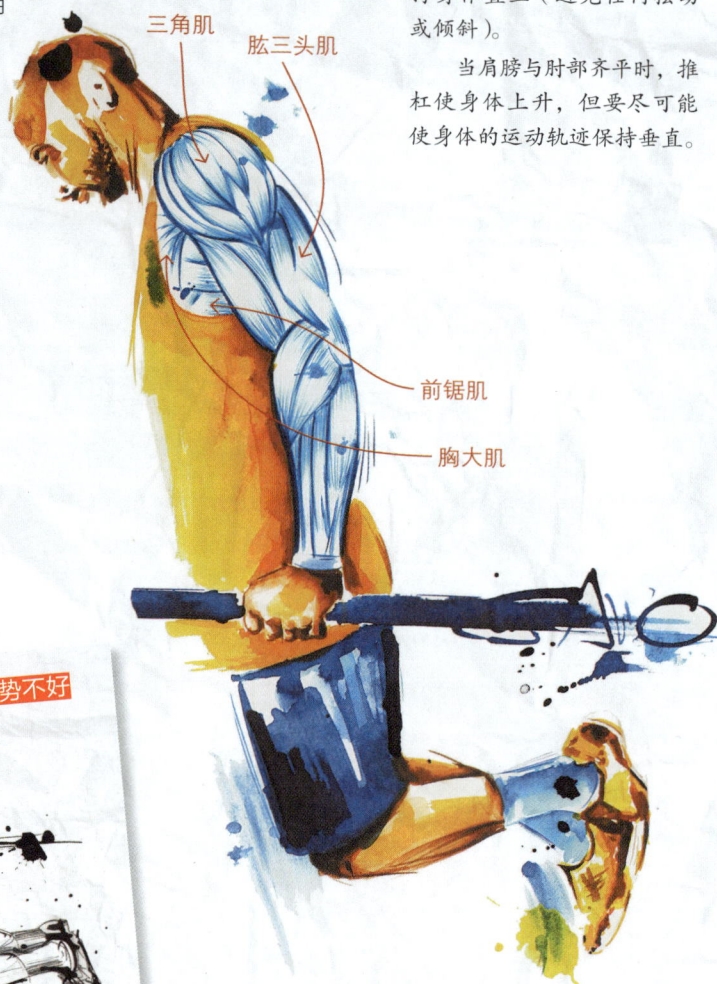

三角肌

肱三头肌

前锯肌

胸大肌

姿势不好

训练——臂屈伸

训练1——臂屈伸跳箱

21次、15次、9次重复硬拉（第125页），跳箱，臂屈伸。

在5分钟内尽可能多次重复引体向上（第143页）。

在5分钟内以40%的最大重量尽可能多次重复深蹲（第89页）。

训练2——臂屈伸下蹲

4组，每组6次深蹲（第89页）。

15组，每组1分钟：3次高翻（第34页），8次臂屈伸。

训练3——力量臂屈伸

10组，每组1次抓举（第60页），每次1分钟。

3组，每组5次俯身划船（第83页）。

在8分钟内尽可能多地重复以下训练：6次臂屈伸，10次壶铃甩摆（第128页）。

✖ 核心训练

除了深蹲和举重需要一定层次的功能核心稳定性，许多专注于核心稳定的运动现在也成为高强度训练的一部分。在体操、健美和健身的训练清单中，核心训练也是重要组成部分。

躯干和腿之间的间隙过大时，可能会干扰身体的姿势，同时可能会对腰部造成损伤

V字两头起

该仰卧起坐变式可能提供了比其他运动强度更大的腹直肌训练。在该练习中，末端负荷（这里指双臂和双腿）对训练效果影响最大，能够有效锻炼腹部肌肉；同时也锻炼到了髂腰肌和髋屈肌。

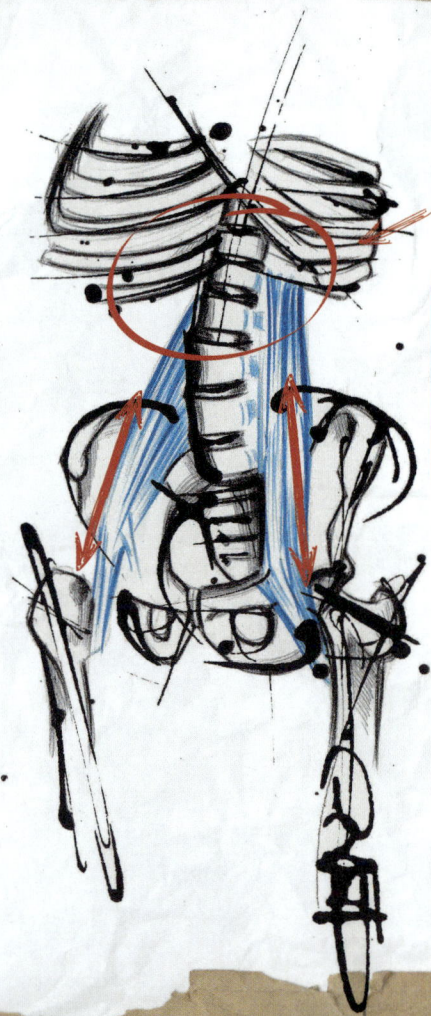

腰大肌和髂肌组成髂腰肌。作用为使髋关节前屈和旋外，下肢固定时，可使躯干前屈。

在 V 字两头起练习过程中
不同阶段的髋部位置

技术要点

V 字两头起练习的主要风险是骨盆失控，导致腰部自动向前倾斜和伸展。如果发生这种情况，那么是髂腰肌进行了大部分的运动而不是腹部肌肉。因为髂腰肌不如腹直肌强壮，因此加大了这项运动的难度。髂腰肌会很快过度拉紧，由于它们连接着腰椎，因此可能会导致背部疼痛。记住，骨盆要保持向后倾斜，背部尽可能保持平直。如果你不能使骨盆保持在正确位置，应该立即停止练习。

起始姿势：脚和躯干离地，身体准备闭合，腹部肌肉开始发力。保持背部和腿平直，躯干靠向腿部，然后回到起始姿势（腿或背部不要与地面接触）。

训练——V字两头起

训练1——维塔利

5组，每组20米向前弓步（第140页），20米向后弓步，最多恢复2分钟。

尽可能多次重复做深蹲（第89页）、卧推（第120页）和硬拉（第125页），达到运动极限的65%（每组1次，组间恢复2分钟）。

然后进行3组400米跑步，尽可能多次重复V字两头起，恢复3分钟。

训练2——艾萨克

4组：

1分钟内尽可能多次重复硬拉（第125页），恢复1分钟；

1分钟内尽可能多次重复V字两头起，恢复1分钟；

1分钟内尽可能多次重复引体向上（第143页），恢复1分钟；

尽量在较少的组数内完成100次俯卧撑（第158页）。

训练3——速度比拼

尽量在较少时间内完成3组以下训练：600米跑步，20次单杠举腿触杠（第185页），300米跑步，20次V字两头起。

单杠举腿触杠

单杠举腿触杠是高强度训练课程中另一项流行的练习。这项V字两头起变式动作的完成需要手臂和背部肌肉的发力，同时在很大程度上锻炼了腹直肌和髂腰肌。

技术要点

直臂悬挂在杠上，将双腿抬高至杠上，同时尽量保持两腿伸直，然后再将腿放下。在此期间尽可能保持身体不摇摆、不移动。你必须要有控制地放下双腿。离心阶段，骨盆应有控制地打开，这不仅能使运动更有效，也更安全。骨盆不要向前摆动。

训练——单杠举腿触杠

训练1——绝岭雄风

1次深蹲（第89页），1次硬拉（第125页），恢复1分钟。

2次深蹲，2次硬拉，恢复90秒。

3次深蹲，3次硬拉，恢复2分钟。

然后，以下动作共做10轮，每轮1分钟：3组，每组1次引体向上（第143页），5次单杠举腿触杠。

训练2——德怀特

以下动作循环做3组：

1分钟俯卧撑（第158页）；

1分钟抓举（第60页）和2次屈膝跳；

1分钟完整波比跳（第165页）；

1分钟单杠举腿触杠；

1分钟平板支撑；

1分钟引体向上（第143页）。

每组之间恢复2分钟。

训练3——约书亚

以下训练循环做4组：

1分钟内尽可能多次硬拉（第125页），恢复1分钟；

1分钟内尽可能多次单杠举腿触杠，恢复1分钟；

1分钟内尽可能多次俯卧撑（第158页），恢复1分钟；

最后，尽量在较少的组数内完成100次引体向上（第143页）。

土耳其起身

该练习是最完整的身体动态练习之一。它结合了高强度的腹部强化训练与肩部稳定训练，同时加强了下肢以及手臂的训练。

尺侧腕伸肌

指伸肌

肱桡肌
桡侧腕长伸肌
肱二头肌
喙肱肌
三角肌
斜方肌
前锯肌
背阔肌
腹外斜肌
腹内斜肌
椎旁肌肉（腰部）
臀中肌
阔筋膜张肌
臀大肌
髂胫束
半腱肌
股二头肌
大收肌
长收肌
缝匠肌

股外侧肌

技术要点

该训练有很多变式。在此讨论的是传统、常用的版本。开始时，一只手依靠背部发力举起壶铃或哑铃，手臂与地面垂直。这只手臂在练习过程中保持伸直。举起手臂的同侧髋关节和膝关节弯曲，脚踩实地面。（想要运动更容易完成，可以用前臂将壶铃举起。若要完成更高级的版本，可以尝试改变壶铃的握法。）从这个位置坐起来，同时保持背部挺直且不使用骨盆发力。另一只手推地面帮助完成动作。如果你是经验丰富、训练有素的练习者，可以只借助腹部力量起身。前腿屈曲踩实地面，后腿跪在地面上。此外，可以用自由臂与前腿呈对角线形成支撑，也可以不用手支撑，将更多的重量压在前腿上，从而减轻后腿的负荷。双腿用力完全站起来。回到起始姿势，换另一只手举起壶铃，另一条腿作为前腿，重复以上动作。

两种壶铃握法

训练——土耳其起身

训练1——准备领土行动

以下训练循环做3组：

1分钟臂屈伸（第180页）；

1分钟高翻（第34页），半旋转式越杠跳；

1分钟波比跳（第165页）；

1分钟土耳其起身，两臂交替进行；

1分钟3米爬绳（第154页）（每次重复后双脚触碰地面）；

1分钟平板支撑。

组间恢复2分钟。

训练2——我不疯狂

以下训练循环做5组：

400米跑步，1次4米爬绳（第154页），10次土耳其起身（左右两边各5次），10次V字两头起（第182页）。

训练3——诸神之怒

5次3米爬绳（第154页）。

然后尽可能在20分钟内多次重复以下训练：

8次土耳其起身，两臂交替进行；5次引体向上（有弹力带协助，第143页），10次完整的波比跳（第165页）。

杠铃腹肌滑滚

杠铃腹肌滑滚是一项高强度练习，从肩部到骨盆都可以得到有效锻炼。

高级变式

不要弓背。

保持背部
挺直，尽量打
开髋部。

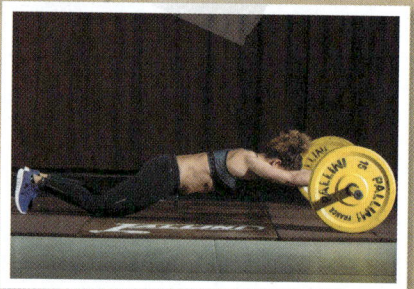

技术要点

以跪姿开始，准备一个带有旋转套的杠铃以及一块负重板。你可以双膝跪地，也可以双腿直立增加训练的难度。双手握住杠铃并向前滚动杠铃，身体的各个部位保持平直。髋关节应几乎完全伸展，即使做膝关节不着地的高级变式，髋关节也必须尽量完全伸展。收紧肩胛骨，不要弓背。胸部向前推，头部与脊柱保持在一条直线上。尽可能下降身体（如果可以，手臂完全伸展）。遵循相同的原则，回到起始姿势。

训练——杠铃腹肌滑滚

训练1——过山车

以下训练循环做5组：

8次硬拉（第125页），达到硬拉极限的50%；

50米跑步；8次杠铃腹肌滑滚；50米跑步；10次屈膝跳；50米跑步。

训练2——朗吉罗亚

以下训练循环做10组：

5次深蹲（第89页），达到深蹲极限的70%；

5次杠铃腹肌滑滚；

10次屈膝跳；

10次V字两头起（第182页）。

训练3——罪恶之城

10组，每组1分钟：1次高翻（第34页），1次卧推（第120页），1次杠铃腹肌滑滚。

然后5组：5次低强度高翻（第34页），7次硬拉（第125页），4次屈膝跳和俯卧撑（第158页）。

跑步

高强度训练计划中若没有跑步，则不是一个完整的计划。将跑步加入热身运动中，不仅可以提升运动表现，减少损伤，还可以帮助你跑得更快！

下面将对跑步方法进行详细解读，以帮助你改进训练的方法。与前面一样，读完本部分内容，你可以通过探索具体的跑步方案，获得制订训练计划的灵感。

跑步技巧

使用术语"基本原理"来表示正常技能，从某种程度上来讲有点自相矛盾。事实上，我们可以将运动训练作为跑步的基本功，而跑步又是更高级训练的基础要素之一。

从表象上看，跑步是很容易的训练。同时，你也不必为了和别人竞争而去学习如何跑步。当初学者开始进行高强度训练时，他们可能会更加专注于举重训练。然而，当我们超越了所谓功能性跑步的乐趣，并通过成绩和进步激励我们进行训练活动时，情况发生了变化。起初我们只想提高速度，现在则追求另一种跑步方式，它是通过生物力学和生物能量学输入而增强的真正的技术实践。学习这些需要具体的训练方法。

正如举重，初学者一旦掌握了其动作技巧，就可以将其作为专门的热身练习。不要使用自己不能承受的强度，如果你是初学者，请花点时间掌握这些练习，以便将这些练习作为你训练的一部分。

只有理解了所有细节之后，才能将这些练习作为热身常规训练。跑步的基本原理是练习者必须掌握的基础知识，无论你准备跑多远（跑步方法可根据距离、速度以及跑步条件进行修改或补充：在跑道还是街道上跑步，穿减震鞋还是轻便跑鞋等）。

● **躯干挺直：** 不能弓背或过度伸展躯干。

● **双臂双腿对侧同步：** 左腿向前移动时，右臂同步摆动，反之亦然。

● **控制骨盆：** 骨盆应该获得支撑并稍向后倾斜。避免出现任何夸张的腰部曲线。

● **重心落在前脚掌：** 每次脚着地时要避免整个脚踩在地面上。

髋部的作用至关重要，因此腰大肌是维持平衡的核心。无论从条件反射的角度来看，还是从表现来看，遵循这些基本原则，都是非常重要的。

全身性跑步机制

这里没有太多的细节，请记住每个跨步分两个阶段：支撑阶段（从脚与地面接触到离开地面）和摆动阶段。在支撑阶段，骨盆移动到整个推进区上方，从脚的后方移至上方，然后再到脚前。

支撑阶段又可细化为两部分。

➡ 支撑，从脚部接触地面直到骨盆直接移动到脚的上方。这部分包括缓冲重心的下降以及控制重量，直到进入下一阶段。

➡ 推进，从骨盆移动到脚上方的那一刻开始到脚离开地面。这部分通过向前推动骨盆来帮助维持步伐。

摆动阶段也由两部分组成。

➡ 首先，最初的摆动，后面的腿从骨盆后方移动到另一条腿膝盖处。该部分包括脚向臀部提升的屈膝过程。

➡ 然后，最终的摆动，从两膝盖相遇到脚部着地为止。这是摆动腿的前行过程；将大腿抬起，膝盖朝前，跑步速度越快抬得越高（短跑运动员几乎能够将大腿抬高到平行于地面的位置）。然后膝盖弯曲，脚落地。

上肢的运动始终保持与对侧腿同步。

上肢的运动轨迹是向前运动和向后运动的终点。手臂经过躯干，肘部处于运动轨迹的最低点。

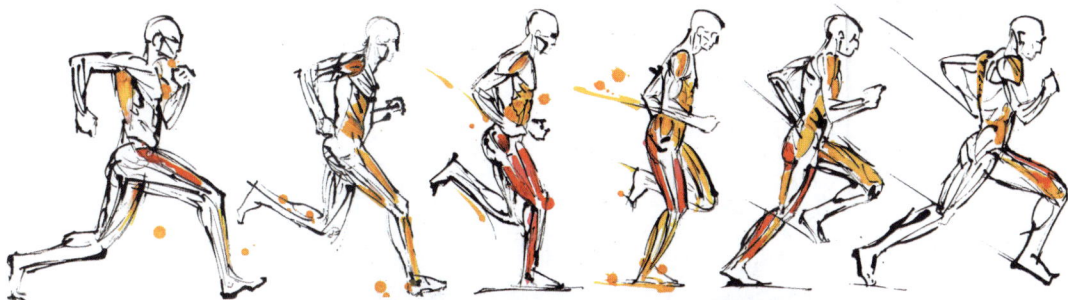

支撑、脚尖离地、摆动、落脚、支撑

✖ 跑步参数

正如在抗阻训练中调整负荷一样，在重量或速度方面，可以使用跑步参数调整训练强度，以在某一方面取得进展。当然，你可以使用速度这一参数，但速度并不可以无限制提高，它受到步幅和步频的影响，这些是我们需要通过训练和技术努力改进的要素。速度是一段时间内的步幅和步频的乘积。

事实上，如果知道在既定时间内，完成给定距离的步数，就很容易计算平均步幅、步频以及速度。尽管增加步幅可能会降低步频，但身体和技术训练的目标是帮助练习者在保持初始步频的同时增加步幅。

另一个参数是接触地面和摆动所用的时间。随着速度的增加，接触地面的时间减少。为了提高效率，需要尽可能快地"划过"地面，最重要的是避免每次着地时出现"碰撞"。

你还需要考虑骨盆的运动轨迹。为了提高速度，每次着地时必须保持重心不会上升，从而使骨盆的运动轨迹平滑，减少摆动阶段的时间。

技术要点

- 重心应呈直线运动。
- 骨盆向后倾斜。
- 双臂双腿应对侧同步。
- 躯干直立。
- 重心落在前脚掌。
- 步幅增加的同时要保持步频。

同心阶段

大腿前部运动最困难。

离心阶段

大腿后部运动最困难。

❌ 步幅适应机制

　　跑步的要求因训练而异，最佳步幅机制根据跑步距离而有所不同。一个分析跑步者腿部运动的视频揭示了世界上最优秀的跑步运动员在自己的专业领域都做了些什么，并且有人已经据此创建了运动模型。有人把这些模型称为"喙形尖头鞋模型"，因为腿部运动轨迹像中世纪的尖头鞋。用耳朵作为固定点（不是髋部，它是移动的），脚尖作为腿部运动轨迹的焦点，我们可以做出以下模型。比赛时间越长（速度越适中），腿向后循环（就像鞋跟）就会越高。随着跑步速度的加快，腿向前循环（鞋尖）越来越大。我们在下页展示了几个理想的腿部运动轨迹。

→见下图

→见下页图

鞋跟

鞋头

冲刺

支撑阶段：
0.09秒

腿部运动轨迹和跑
步强度之间的关系

中距离

支撑阶段：
0.13秒

长距离

支撑阶段：
0.15秒

这里是一些改进跑步技术的练习。随后你可以将其作为热身训练。

－单侧脚跟抬至臀部。
－单腿抬膝。
－向后跑。

  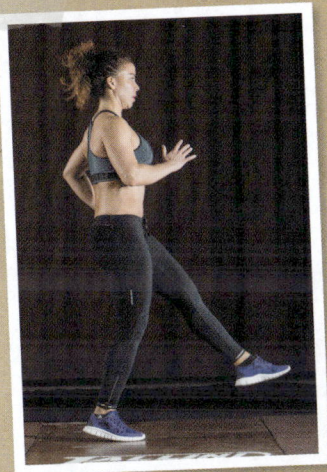

单侧脚跟抬至臀部　　　　单腿抬膝　　　　向后跑

你应该穿轻便跑鞋吗

轻便跑鞋现常见于健身房和俱乐部。这种鞋子的优点是真实可见的：它们向练习者提供触觉反馈的同时促进了自然运动。不过，要小心并记住你一直在穿着鞋子（通常是减震鞋）走路。你也学会了穿减震鞋跑步。这些跑步鞋不仅有一个小垫子，它们也经常配备厚垫子。尽管轻便跑鞋增加了触觉反馈，但它们也增加了冲击力，因此并未能使骨骼和关节免受伤害。如果你想跑得更远，必须自己调整步伐。此外，轻便跑鞋对运动也会造成很大的干扰，除了跑步姿势不恰当会使你有受伤的风险外，因为鞋子重量较小，可能会让你对自己的体重产生错误的感觉。

因此，首先要逐步尝试新鞋：你不应该今天穿旧鞋走路，第二天就穿新鞋跑步。

然后，选择一双适合自己的鞋子，享受舒适的脚感，降低损伤风险。

理想情况下，你应该选择适合锻炼的鞋子。

－举重与短跑相结合的训练：轻便跑鞋或全能跑鞋。

－低强度地面训练：带有凝胶鞋垫的跑鞋，或者还在磨合期的轻便跑鞋。

－举重为主的训练：硬底的举重鞋。

－间歇跑步训练：带有凝胶鞋垫的跑鞋。

－多类型训练：全能跑鞋或轻便跑鞋。

训练——跑步

训练1——加倍与减半

跑步45秒，恢复45秒。
跑步1分30秒，恢复1分30秒。
跑步3分钟，恢复3分钟。
跑步6分钟，恢复6分钟。
跑步3分钟，恢复3分钟。
跑步1分30秒，恢复1分30秒。
跑步45秒，恢复45秒。

训练2——60秒

每组跑步1分钟。
恢复时间从1分钟起，然后每组减少10秒。
恢复时间只剩下10秒时，每组增加10秒。
跑步1分钟，恢复1分钟。
跑步1分钟，恢复50秒。
跑步1分钟，恢复40秒。
跑步1分钟，恢复30秒。
跑步1分钟，恢复20秒。
跑步1分钟，恢复10秒。
跑步1分钟，恢复20秒。
跑步1分钟，恢复30秒。
跑步1分钟，恢复40秒。
跑步1分钟，恢复50秒。
跑步1分钟，恢复1分钟。

多次重复的黄金法则

本书是以解剖学需求为导向创作的，其中一个观点是在训练中保持正确的姿势——这是防止受伤的核心——这一点是决不妥协的。

训练3——小酌龙舌兰

3组，每组10米全速冲刺跑，恢复30秒。
3组，每组30米全速冲刺跑，恢复30秒。
3组，每组50米全速冲刺跑，恢复30秒。
30米全速冲刺跑，恢复1分钟
3组，每组10米全速冲刺跑，恢复30秒。
3组，每组30米全速冲刺跑，恢复30秒。
3组，每组50米全速冲刺跑，恢复30秒。
30米全速冲刺跑，恢复1分钟

第3章

15周
高强度训练方案

阶段1，基础阶段（3周）：代谢耐力与心血管耐力，基础技术与技巧发展。

阶段2，结构性发展阶段（5周）：功能性强化。

阶段3，强化阶段（4周）：力量发展与耐力强化（最大有氧功率）。

阶段4，优化阶段（3周）：肌肉力量与耐力。

✖ 阶段1——基础阶段

天数	1	2	3	4	5	6	7
训练	抓举指导 4组，每组9次深蹲（第89页） 4组，每组10次叛逆者划船（第162页） 训练 3~6组： ·6次壶铃甩摆（第128页） ·6次徒手深蹲 ·6次仰卧起坐 ·6次引体向上（第143页） ·6次弓步（第140页）	壶铃高翻指导 训练 用轻壶铃不间断地重复以下训练20分钟： ·20次壶铃甩摆（第128页） ·20次V字两头起（第182页） ·20次高脚杯深蹲（第98页） ·20次直腿硬拉（第136页） ·20次高翻（第34页）	低强度跑步7千米	高翻指导 4组，每组9次硬拉（第125页） 4组，每组10次引体向上（第143页） 训练 15分钟内尽可能多次重复以下训练： ·200米跑步 ·10次V字两头起（第182页）	低强度跑步7千米	技巧训练 3组，每组10次沙袋高翻（第54页） 3组，每组10次推举（第103页） 3组，每组10次卧推（第120页） 3组，每组10次过顶深蹲（第100页） 3次爬绳（第154页）	休息

天数	8	9	10	11	12	13	14
训练	抓举指导 5组，每组7次深蹲（第89页） 训练 15组，每组用时1分钟： ·2次硬拉（第125页） ·1次抓举（第60页） 最后做10分钟核心训练	壶铃高翻指导 训练1 不间断重复以下训练10分钟： ·10次交替壶铃甩摆（第128页） ·10次壶铃推举（第103页） ·10次交替壶铃弓步（第140页） 训练2 不间断重复以下训练10分钟： ·400米跑步 ·1次爬绳（4米，第154页） ·10次土耳其起身（5次左边，5次右边，第187页）	休息	高翻指导 5组，每组7次相扑硬拉（第138页） 训练 20分钟内尽可能多次重复以下训练： ·200米跑步 ·10次V字两头起（第182页） ·10次直腿硬拉（第136页）	低强度跑步10千米	双力臂技巧 3次爬绳（第154页） 训练 6组： ·10次叛逆者划船（第162页） ·20次弹力带辅助引体向上（第143页） 最后做4组，每组10次杠铃腹肌滑滚（第190页）	低强度跑步10千米

天数	15	16	17	18	19	20	21
训练	休息	低强度跑步7千米	休息	举重指导 3组，每组7次过顶深蹲（第100页） 4组，每组3次高翻（第34页） 3组，每组3次抓举（第60页） 训练 10分钟不间断跑步,12组,每组30秒全速跑步，组间休息30秒	休息	持续强度跑步5千米	休息

✖ 阶段2——结构性发展阶段

天数	22	23	24	25	26	27	28
训练	3组，每组10次过顶深蹲（第100页） 4次深蹲（以最大重复次数为8次的重量完成，第89页） 恢复：90秒 4次卧推（以最大重复次数为8次的重量完成，第120页） 恢复：90秒 训练 5分钟内尽可能多次重复以下训练： •10次壶铃甩摆（第128页） •10次波比跳（第165页） •50米全速跑 •10次屈膝跳 做2组，恢复4分钟	核心训练循环： •10次杠铃腹肌滑滚（第190页） •10次V字两头起（第182页） •30秒平板支撑 •10次背部伸展 训练 尽可能地完成以下训练： •200次俯卧撑（第158页） •300次徒手深蹲（第89页） •100次引体向上（第143页） •200次仰卧起坐 •300次徒手深蹲	休息	3组，每组10次叛逆者划船（第162页） 4次硬拉（以最大重复次数为8次的重量完成，第125页） 恢复：90秒 4组杠铃俯身划船（以最大重复次数为8次的重量完成，第83页） 恢复：90秒 训练 6组，每组1分钟，尽可能快地完成以下训练： •5次完整波比跳（第165页） •60米全速跑 •5次壶铃推举（第103页） •6次V字两头起（第182页） 做2组，恢复4分钟	休息	6组：30秒平板支撑，10次过顶深蹲（第100页） 恢复：1分钟 训练 •5分钟内尽可能多地做俯卧撑（第158页） •2分钟内尽可能多地做深蹲（第89页），达到深蹲极限的75% •5分钟内尽可能多地做引体向上（第143页） •2分钟内尽可能多地推举（第103页），达到推举极限的75%	3组，每组3次抓举（第60页） 4组前蹲（以最大重复次数为8次的重量完成，第97页） 恢复：90秒 4组杠铃窄握卧推（以最大重复次数为8次的重量完成，第120页） 恢复：90秒 训练 尽可能快地完成以下训练： •3次抓举（第60页） •10次轮胎翻转（第56页） •10次完整波比跳（第165页） •3次轮胎翻转 •50米全速跑 做3组，恢复3分钟

天数	29	30	31	32	33	34	35
训练	4或5组： •前蹲（以最大重复次数为5次的重量完成，第97页） •恢复：10秒 •深蹲（以最大重复次数为5次的重量完成，第89页） •恢复：2分钟 •6次屈膝跳 •恢复：2分钟 训练 尽可能快地做5组以下训练： •8次硬拉（第125页）达到硬拉极限的50% •50米跑步 •8次完整波比跳（第165页） •50米跑步 •8次屈膝跳 •50米跑步	休息	4或5组： •肩宽卧推（以最大重复次数为5次的重量完成，第120页） •恢复：10秒 •宽握卧推（以最大重复次数为5次的重量完成，第120页） •恢复：2分钟 •6次爆发式俯卧撑（第169页） •恢复：2分钟 训练 12分钟内尽可能多次重复以下训练： •10次壶铃抓举（第76页） •20次壶铃甩摆（第128页） •10次仰卧起坐	4组，每组5次深蹲（第89页） 4组，每组3次高翻挺举（第34页） 4组，每组3次高翻（第34页） 训练 3组，每组1分钟： •高翻（第34页） •深蹲（第89页） •挺举（第47页）	休息	跑步4千米 训练 •10组，每组30秒快跑 •30秒慢跑 •休息3分钟 •10组，每组30秒快跑 •休息30秒 跑步1千米作为动态恢复	4或5组： •前蹲（以最大重复次数为5次的重量完成，第97页） •恢复：10秒 •深蹲（以最大重复次数为5次的重量完成，第89页） •恢复：2分钟 •6次屈膝跳 •恢复：2分钟 训练 尽可能快地重复做5组以下训练： •8次引体向上（第143页） •10次T杠深蹲（第115页） •10次引体向上 •20次T杠侧推（第117页） •10次引体向上

天数	36	37	38	39	40	41	42
训练	跑步3千米 训练 快跑与动态恢复成金字塔形交替进行： •跑步15秒，恢复15秒 •跑步30秒，恢复30秒 •跑步45秒，恢复45秒 •跑步60秒，恢复60秒 •跑步45秒，恢复45秒 •跑步30秒，恢复30秒 •跑步15秒，恢复15秒 做2组，组间休息2分钟 最后跑步1千米恢复	休息	3组，每组10次过顶深蹲（第100页） 4组深蹲（以最大重复次数为7～9次的重量完成，第89页） 恢复：2分钟 4组超级组合： •8次推举（第103页） •8次卧推（第120页） •8次俯卧撑（第158页） 做3组，休息1分钟 训练 6组： •1次抓举（第60页） •10次跳箱 •尽可能多地做引体向上（第143页）	3次爬绳（第154页）与10次徒手深蹲（第89页）交替进行 训练 2分钟内重复25次以下训练，达到运动极限的75%： •硬拉（第125页） •负重引体向上（第143页） •右弓步，左弓步（第140页） •俯身划船（第83页）	休息	3组，每组6次高翻（第34页） 4组硬拉（以最大重复次数为7～9次的重量完成，第125页） 恢复：2分钟 4组超级组合： •8次引体向上（第143页） •8次俯身划船（第83页） •8次叛逆者划船（第162页），划船与肩部下压结合进行，做3组，恢复1分钟 训练 •400次徒手深蹲（第89页） •300次完整波比跳（第165页） •200次俯卧撑（第158页） •100次阿拉贝斯克（第134页） •50次引体向上（第143页）	休息

天数	43	44	45	46	47	48	49
训练	休息	4或5组： •前蹲（以最大重复次数为5次的重量完成，第97页） •恢复：10秒 •深蹲（以最大重复次数为5次的重量完成，第89页） •恢复：2分钟 •6次屈膝跳 •恢复：2分钟 训练 尽可能快地做5组以下训练： •8次击掌俯卧撑（第167页） •10次跳箱 •8次完整波比跳（第165页） •10次跳箱 •8次俯身划船（第83页） •50米跑步	跑步3千米 训练 5组，每组2分钟快跑，2分钟动态恢复 10组，每组30秒快跑，30秒动态恢复 10组，每组15秒快跑，15秒动态恢复	休息	4或5组： •环上负重引体向上（以最大重复次数为5次的重量完成，第143页） •恢复：10秒 •俯身划船（以最大重复次数为5次的重量完成，第83页） •恢复：2分钟 •6次击掌引体向上（第148页） •恢复：2分钟 训练 •20次壶铃推举（第103页） •20次V字两头起（第182页） •然后依次做18次、15次、12次、9次、5次、3次、1次V字两头起	跑步4千米 训练 8组，每组2分钟快跑，2分钟动态恢复 5组，每组30秒快跑，30秒动态恢复 10组，每组15秒快跑，15秒动态恢复 2组，每组2分钟快跑，2分钟动态恢复	休息

天数	50	51	52	53		54	55	56
训练	休息	中等强度跑步7千米	休息	举重指导 3组，每组7次过顶深蹲（第100页） 4组，每组3次高翻（第34页） 3组，每组3次抓举（第60页） 训练 10分钟不间断跑步 12组，每组30秒高强度跑步与30秒休息交替进行		休息	持续强度跑步5千米	休息

✖ 阶段3——强化阶段

天数	57	58	59	60	61	62	63
训练	5组，每组3次高翻挺举（第34页） 3组，每组3次高翻 训练 5组： 1次高翻，达到高翻极限的65% 1次1分钟屈膝跳，然后恢复3分钟	4组，每组5次硬拉（第125页） 4组，每组5次宽距卧推（第120页） "金字塔"训练： ·每组1次200米全速跑 ·恢复1分钟 ·每组减去10秒休息时间 ·只剩下10秒休息时间时，依次增加10秒，直到回到1分钟	休息	5组，每组3次抓举（第60页） 3组，每组3次从大腿开始的抓举 训练 5组：1次抓举，达到抓举极限的65%，1次1分钟5米+5米往返全速跑，然后恢复3分钟	4组，每组5次深蹲（第89页） 4组，每组5次俯身划船（第83页） 持续强度跑步5千米	休息	休息

天数	64	65	66	67	68	69	70
训练	5组，每组2次高翻挺举（第34页） 5组，每组4次硬拉（第125页） 训练 ·10次高翻，达到高翻极限的40% ·400米跑步6轮，恢复1分钟	5组，每组2次抓举（第60页） 5组，每组4次肩宽卧推（第120页） 训练 2分钟内尽可能多次重复以下训练，达到极限的40%： ·10次抓举 ·10次过顶深蹲（第100页） ·10次波比跳（第165页） 做6组，恢复1分钟	休息	5组，每组2次悬垂高翻 5组，每组4次深蹲（第89页） 训练 达到极限的40%： ·6次高翻挺举（第34页） ·200米划船 做6组，恢复1分钟	5组，每组2次从大腿开始的抓举 5组，每组4次俯身划船（第83页） 训练 2分钟内尽可能多次重复以下训练，达到极限的40%： ·10次壶铃甩摆（第128页） ·10次推举（第103页） ·10次屈膝跳 做6组,恢复1分钟	2组，每组3千米持续强度跑步	休息

天数	71	72	73	74	75	76	77
训练	6组，每组1次高翻挺举（第34页） 5组，每组2次推举（第103页） 训练 ·1次高翻挺举 ·10次跳箱 ·10次挺举，达到挺举极限的50% ·100米全速跑 做10组，恢复1分钟	15分钟内尽可能多次重复深蹲（以最大重复次数为1次的重量完成，第89页）和俯身划船（第83页） 训练 ·10次完整波比跳（第165页） ·150米全速跑 ·10次跳箱 ·10次屈膝跳 ·150米全速跑 做8组，恢复1分钟	休息	6组，每组1次抓举（第60页） 5组，每组2次推举（第103页） 训练 ·1次抓举弓步（第140页） ·10次弓步跳跃（第141页） ·10次最高纵跳 ·100米全速跑 做10组，恢复1分钟	15分钟内尽可能多次重复硬拉（以最大重复次数为1次的重量完成，第125页）和卧推（第120页） 训练 ·10次推举（第103页） ·10次T杠侧推（第117页） ·100米全速跑 ·10次屈膝跳 ·10次T杠深蹲 ·100米全速跑 做8组，恢复1分钟	2组，每组3千米持续强度跑步	休息

天数	78	79	80	81	82	83	84
训练	6组，每组1次高翻挺举（第34页） 5组，每组2次推举（第103页） 训练 10组： •5次硬拉，达到硬拉极限的70%（第125页） •5次杠铃腹肌滑滚（第190页） •10次跳箱 •10次V字两头起（第182页） 最多休息1分钟	15分钟内尽可能多次重复深蹲（以最大重复次数为1次的重量完成，第89页）和俯身划船（第83页） 训练 以下动作共10组，每组用时1分钟： •1次抓举（第60页） •1次俯身划船（第83页） •1次杠铃腹肌滑滚（第190页） 然后做5组： •5次动态轻抓举 •7次深蹲（第89页） •4次双膝跪抱俯卧撑（第169页）	休息	6组，每组1次抓举（第60页） 5组，每组2次推举（第103页） 训练 20分钟内尽可能多次重复以下训练： •5次动态卧推，达到卧推极限的70%（第120页） •5次长凳跳 •10次完整波比跳（第165页） •10次V字两头起（第182页） 最多休息1分钟	休息	15分钟内尽可能多次重复硬拉（以最大重复次数为1次的重量完成，第125页）和卧推（第120页） 训练 以下动作共10组，每组用时1分钟： •1次高翻（第34页） •1次深蹲（第89页） •1次俯身划船（第83页） •1次硬拉（第125页）	休息

✖ 阶段 4——优化阶段

天数	85	86	87	88	89	90	91
训练	2组，每组3次抓举（第60页） 3组，每组3次深蹲（第89页） 休息30秒，4次屈膝跳 训练 以下动作共10组，每组用时1分钟： •1次抓举 •4次跳箱 •20米全速跑 以下动作共10组，每组用时1分钟： •1次抓举 •4次击掌引体向上（第148页） •20米全速跑	2组，每组5次硬拉（第125页） 3组，每组3次负重引体向上（第143页） 休息30秒，1次5米爬绳（第154页） 训练 以下动作共5组，每组用时1分钟： •3次硬拉 •1次高翻（第34页） •2次挺举（第47页） •2次高翻 •2次深蹲（第89页） •2次挺举	休息	2组，每组3次高翻（第34页） 3组，每组3次卧推（第120页） 休息30秒 3次击掌俯卧撑（第167页） 训练 以下动作共10组，每组用时1分钟： •1次高翻 •5次波比跳（第165页） •30米往返全速短跑 以下动作共10组，每组用时1分钟： •1次高翻 •4次阿芝台克俯卧撑（第171页） •20米全速跑	休息	10组，组间恢复2分钟： •3次高翻（第34页） •40米全速跑 •1次高翻 •20米全速跑 10组，组间恢复2分钟： •3次抓举（第60页） •6次跳箱 •1次抓举 •3次跳箱	休息

天数	92	93	94	95	96	97	98
训练	力量： 2次重型高翻挺举（第34页） 3次轻型高翻挺举 训练 10组： •5次T杠深蹲，达到深蹲极限的70%（第115页） •5次杠铃腹肌滑滚（第190页） •10次波比跳（第165页） •10次单杠举腿触杠（第185页）	力量： 3次重型俯身划船（第83页） 6组，每组4次轻型俯身划船 训练 4组： •1分钟内尽可能多次重复硬拉（第125页） •恢复1分钟 •1分钟内尽可能多次重复腹部运动 •恢复1分钟 •1分钟内尽可能多次重复俯卧撑（第158页） •恢复1分钟	3次重型深蹲（第89页） 6组，每组4次轻型深蹲 训练 •7组，每组6次击掌引体向上（第148页） •50米全速跑 恢复4分钟	休息	3次重型深蹲（第89页） 6组，每组4次轻型深蹲 训练 尽可能快地完成3组以下训练： •8次轮胎翻转（第56页） •20次完整波比跳（第165页） •6次击掌引体向上（第148页） •400米跑步	3次重型卧推（第120页） 6组，每组4次轻型卧推 训练 3组： •1分钟内尽可能多次重复杠铃深蹲（第89页） •恢复1分钟 •1分钟内尽可能多次重复腹部运动 •恢复1分钟 •1分钟内尽可能多次重复引体向上（第143页） •恢复1分钟	力量： 3次重型硬拉（第125页） 6组，每组4次轻型硬拉 训练 •7组，每组6次双膝跪抱俯卧撑（第169页） •50米全速跑 恢复4分钟

天数	99	100	101	102	103	104	105
训练	休息	6组，每组6次极限抓举（第60页） 恢复2分钟 训练 尽可能快地完成4组以下训练： •3次深蹲（第89页） •6次跳箱 •6次屈膝跳 •3次深蹲	6组，每组6次极限俯身划船（第83页） 恢复2分钟 训练 •21次、15次、9次卧推（第120页） •完整波比跳（第165页） •叛逆者划船（第162页） •5分钟内尽可能多次重复引体向上（第143页）	6组，每组6次极限深蹲 恢复2分钟 训练 10组，每组用时1分钟，每组30米全速短跑	休息	6组，每组6次高翻挺举（第34页） 训练 尽可能快地完成4组以下训练： •3次硬拉（第125页） •6次纵跳 •6次屈膝跳 •3次硬拉	6组，每组6次极限卧推（第120页） 恢复2分钟 训练 •21次、15次、9次高脚杯深蹲（第98页） •臂屈伸（第180页）

参考文献

Aubert, F., Chauffin, T. (2007). Athlétisme 3. Les courses. Ed. *Revue EPS*, 15–84.

Bergh, U., Ekblom, B. (1979). Influence of muscle temperature on maximal strength and power output in human muscle. Acta. *Physiol. Scand*. 107: 332–337.

Bishop, D., Edge, J., Mendez–Villanueva, A., Thomas, C., Schneiker, K. (September 2009). High–intensity exercise decreases muscle buffer capacity via a decrease in protein buffering in human skeletal muscle. *Pflugers Arch*. 458(5): 929–36.

Bolliet, O. (2013). *Approche moderne du développement de la force*. Ed 4 Trainer, 1st ed.

Brooks, G.A. (2000). Intra– and extra–cellular lactate shuttles. *Med. Sci. Sports Exerc*. 32: 790–799.

Broussal–Derval, A., Bolliet O. (2012). *Lapréparation physique moderne*. Ed 4Trainer, 2nd ed., 117–121.

Bryanton, M.A., Kennedy, M.D., Carey, J.P., Chiu, L.Z. (October 2012). Effect of squat depth and barbell load on relative muscular effort in squatting, *J. Strength Cond. Res*. 26(10): 2820–2828.

Cadore, E.L., Izquierdo, M. (August 2013). New strategies for the concurrent strength–, power–, and endurance–training prescription in elderly individuals. *J Am. Med. Dir. Assoc*. 14(8): 623–624.

Coffey, G., Hawley, A. (2007). The molecular bases of training adaptation. *Sports Med*. 37(9): 737–763.

Choi, D., Cole, K.J., Goodpaster, B.H., Fink, W.J., Costill, D.L. (August 1994). Effect of passive and active recovery on the resynthesis of muscle glycogen. *Med. Sci. Sports Exerc*. 26(8): 992–996.

Cornu, C. (2002). Le Cross Training: de la compétition à l'entretien physique. *Sport, Santéet Préparation Physique* 3: 6–7.

Davitt, P.M., Pellegrino, J., Schanzer, J., Tjionas, H., Arent, S.M. (July 2014). The effects of a combined resistance training and endurance exercise program in inactive college females: Does order matter? *J. Strength Cond. Res*. 28(7): 1937–1945.

Docherty, D., Sporer, B. (December 2000). A proposed model for examining the interference phenomenon between concurrent aerobic and strength training. *Sports Med*. 30(6): 385–394.

Edge, J., Eynon, N., McKenna, M.J., Goodman, C.A., Harris, R.C., Bishop, D.J. (February 2013). Altering the rest interval during high–intensity interval training does not affect muscle or performance adaptations. *Exp. Physiol*. 98(2): 481–90.

Esformes, J.I., Bampouras, T.M. (November 2013). Effect of back squat depth on lower body post–activation potentiation. *J. Strength Cond. Res*. 27(11): 2997–3000.

Ferrari, R., Kruel, L.F.M., Cadore, E.L., Alberton, C.L., Izquierdo, M., Conceição, M., Pinto, R.S., Radaelli, R., Wilhelm, E., Bottaro, M., Ribeiro, J.P., (November 2013). Efficiency of twice weekly concurrent training in trained elderly men. *Exp. Gerontol*. 48(11): 1236–1242.

Flynn, M.G., Carroll, K.K., Hall, H.L., Bushman, B.A., Brolinson, P.G., Weideman, C.A., (1998). Cross training: Indices of training stress and performance. *Med. Sci. Sports Exer*. 30(2): 294–300.

Fry, A.C., Smith, J. C., Schilling, B.K. (November 2003). Effect of knee position on hip and knee torques during the barbell squat. *J. Strength Cond. Res*. 17(4): 629–633.

Garcia–Pallares, J., Sanchez–Medina, L., Carrasco, L., Diaz, A., Izquierdo, M. (2009). Endurance and neuromuscular changes in world–class level kayakers during a periodized training cycle. Eur. *J. Appl. Physiol*. 106(4): 629–638.

Glaister, M. (2005). Multiple sprint work: Physiological responses, mechanisms of fatigue and the influence of aerobic fitness. *Sports Med*. 35(9): 757–777.

Gullett, J.C., Tillman, M.D., Gutierrez, G.M., Chow, J.W., (2009). A biomechanical comparison of back and front squats in healthy trained individuals. *J. Strength Cond. Res*. 23(1): 284–292.

Impellizzeri, F.M., Marcora, S.M., Rampinini, E., Mognoni, P., Sassi, A. (2005). Correlations between physiological variables and performance in high level cross country off road cyclists. Br. *J. Sports Med*. 39: 747–751.

Izquierdo, M., Exposito, R.J., Garcia–Pallare, J., Medina, L., Villareal, E., (June 2010). Concurrent endurance and strength training not to failure optimizes performance gains. *Med. Sci. Sports Exerc*. 42(6): 1191–1199.

Jones, T.W., Howatson, G., Russell, M., French, D.N. (December 2013). Performance and neuromuscular adaptations following differing ratios of concurrent strength and endurance training. *J. Strength Cond. Res*. 27(12): 3342–3351.

Juel, C. (1996). Lactate/proton co–transport in skeletal muscle: regulation and importance for pH homeostasis. *Acta Physiol. Scand*. 156: 69–374.

Khosravi, M., Tayebi, S.M., Safari, H. (April 2013). Single and concurrent effects of endurance and resistance training on pulmonary function. *Iran J. Basic Med. Sci*. 16(4): 628–34.

Lacour, J.R., Bouvat, E., Barthélémy, J.C. (1990). Post–competition blood lactate concentrations as indicators of anaerobic energy expenditure during 400–m and 800–m races. Eur. *J. Appl. Physiol. Occup. Physiol*. 61(3–4): 172–176.

Massey, C., Vincent, J., Maneval, M., Johnson, J.T. (May 2005). Influence of range of motion in resistance training in women: Early phase adaptations. *J. Strength Cond. Res*. 19(2): 409–411.

McBride, J.M., Kirby, T.J., Haines, T.L., Skinner, J.W., Delalija, A. (March 2011). Relationship between impulse, peak force and jump squat performance with variation in loading and squat depth. *J. Strength Cond. Res*. 25.

Mendez–Villanueva, A., Edge, J., Suriano, R., Hamer, P., Bishop, D. (2012). The recovery of repeated– sprint exercise is associated with PCr resynthesis, while muscle pH and EMG amplitude remain depressed. *PLoS One*. 7(12): e51977.

Miller, B.F., Fattor, J.A., Jacobs, K.A., Horning, M.A., Navazio, F., Lindinger, M.I., Brooks, G.A. (2002). Lactate and glucose interactions during rest and exercise in men: Effect of exogenous lactate infusion. *J. Physiol*. 544(Pt 3): 963–975.

Millet, G.–Y., Lepers, R. (2004). Alterations of neuromuscular function after prolonged running, cycling and skiing exercises. *Sports Med*. 34(2): 105–16.

Poortmans, J.R. (2003). *Biochimie des activités physiques*. De Boeck Université.

Radlinger, L., Bachmann, W., Homburg, J., Leuenberger, U., Thaddey, G. (Eds.). (1998). Methoden des Krafttrainings. In: *Rehabilitatives krafttraining*. Stuttgart; New York: Thieme. 49–87.

Robergs, R.A., Ghiasvand, F., Parker, D. (September 2004). Biochemistry of exercise–induced metabolic acidosis. *Am. J. Physiol. Regul. Integr. Comp. Physiol.* 287(3): R502–R516.

Salem, G.J., Powers, C.M. (2001). Patellofemoral joint kinetics during squatting in collegiate women athletes. *Clinical Biomechanics* 16(5): 424–430.

Schmidt, R.F., Thews, G. (Eds.). (2013). Physiologie des menschen. Springer–Verlag. Sedano, S., Marín, P.J., Cuadrado, G., Redondo, J.C. (September 2013). Concurrent training in elite male runners: the influence of strength versus muscular endurance training on performance outcomes. *J. Strength Cond. Res.* 27(9): 2433–2443.

Signorile, J.F., Weber, B., Roll, B., Caruso, J.F., Lowensteyn, I., Perry, A.C. (August 1994). An electromyographical comparison of the squat and knee extension exercises. *J. Strength Cond. Res.* 8(3): 178–183.

Schwanbeck, S., Chilibeck, P.D., Binsted, G. (December 2009). A comparison of free weight squat to smith machine squat using electromyography. *J. Strength Cond. Res.* 23(9): 2588–2591.

Schwellnus, M., Drew, N., Collins, M. (2008). Muscle cramping in athletes—risk factors, clinical assessment, and management. *Clin. Sports Med.* 27: 183–194.

Spencer, M., Bishop, D., Dawson, B., Goodman, C., Duffield, R. (2006). Metabolism and performance in repeated cycle sprints: Active versus passive recovery. *Med. Sci. Sports Exerc.* 38(8): 1492–1499.

Stoboy, H. (1972). Neuromuskuläre funktion und körperliche leistung. In *Zentrale themen der sportmedizin*. Springer Berlin Heidelberg, 17–43.

Tanaka, H. (1994). Effects of cross–training. Transfer of training effects on V. O_{2max} between cycling, running and swimming. *Sports Med.* 18(5): 330–339.

Thomas, C., Bishop, D.J., Lambert, K., Mercier, J., Brooks, G.A. (2012). Effects of acute and chronic exercise on sarcolemmal MCT1 and MCT4 contents in human skeletal muscles: Current status. *Am. J. Physiol. Regul. Integr. Comp. Physiol.* 302(1): R1–R14.

Thibaudeau, C. (2007). Principe 4: S'entrainer jusqu'à l' échec musculaire positif. *Musculation à haut seuil d'activation*. 37–42.

Thibaudeau, C. (2007). Chapitre 6: Variables aiguës d'entraînement, point 3: Nombre de séries par groupe musculaire, *Le livre noir des secrets d'entraînement*. 72.

Weeks, C., Trevino, J., Blanchard, G., Kimpel, S. (March 2011). Effect of squat depth training on vertical jump performance. *J. Strength Cond. Res.* 25.

Wilson, G.J., Newton, R.U., Murphy, A.J., Humphries, B.J. (1993). The optimal training load for the development of dynamic athletic performance. *Med. Sci. Sports Exerc.* 25(11): 1279–1286.

Zatsiorsky, V. (1995). *Science and practice of strength training*. Champaign, IL: Human Kinetics.

作者简介

奥雷利安·布鲁萨尔-德瓦尔
（Aurélien Broussal-Derval）

从21世纪我的职业生涯开始以来，我一直对高强度训练有着浓厚的兴趣。作为一名多项运动的体育教练，我曾在俄罗斯、西班牙和英国等国家与许多委托我帮助他们做比赛准备的高水平运动员一起工作。受这些运动员的各种影响以及在满足他们复杂要求的过程中，我逐渐将举重、竞技和体操的内容融入了我的课程。鉴于这些训练越来越流行，我决定将我的经验成果汇编成书，以供所有练习者参考。

- -

奥雷利安·布鲁萨尔-德瓦尔取得了体育、心理和恢复运动的体能训练及工程性能方面的硕士研究生学位。同时，他在美国国家体育与教育研究所（INSEP）进行了为期一年的高级培训专业训练，并取得了研究生学位。他也是一名体育教授。他不仅是许多体育锻炼参考作品的作者，还是一名曾在许多欧洲大学任教的老师及一线体育教育工作者。他曾为俄罗斯和英国的柔道队及法国拳击队等提供过训练指导。他一直在参与法国排球联合会举办的研究与创新活动。

斯特凡纳·加诺
（Stéphane Ganneau）

一段时间以来，我一直想绘制一系列能展现皮肤下面结构的图画。我试着寻找一种充满活力、有激情的方式来表达我的图画风格。因为我多年来一直在进行高强度训练，以帮助我的柔道训练，所以，本书是我两个爱好的完美融合：绘画和运动。

- -

斯特凡纳·加诺是香水和化妆品的专业贸易设计师，是几款运动品牌的产品设计师。他是一个勤奋且开朗的艺术家，多年来利用自己的绘画才能绘制了许多体育插图。

译者简介

杨斌　卡玛效能运动科技 | 创始人

卡玛效能运动科技创始人，卡玛效能"有氧训练专家"认证标准制定者，卡玛效能精准系列认证课程［"精准评估（Precision Assessment®）""精准训练（Precision Training®）""精准减脂（Precision Weight Loss®）""精准力量（Precision Strength®）""精准伸展（Precision Stretching®）""精准营养（Precision Nutrition®）""精准康复（Precision Rehabilitation®）"］创始人；精准减脂管理软件创始人。

曾任美国运动医学会（ACSM）、美国国家体能协会（NSCA）及国际体育科学协会（ISSA）中国区讲师，国家体育总局体育行业职业技能鉴定专家指导委员会专家，中央电视台体育频道特邀运动健康专家，北京特警总队体能顾问，贵阳市公安局警训部体能顾问；2003 年全国健美锦标赛青年 75 公斤级冠军。

著有《家庭健身训练图解》，译有《精准拉伸：疼痛消除和损伤预防的针对性练习》《拉伸致胜：基于柔韧性评估和运动表现提升的筋膜拉伸系统》等。

郝磊

首都体育学院 | 体育学博士

主要研究领域：体能训练、身体运动功能训练。

美国国家体能协会注册体能训练师（NSCA-CSCS），美国国家体能协会大中华区讲师。

先后担任国家体育总局备战伦敦奥运会身体功能训练团队成员，湖北省赛艇队、湖北省皮划艇队、安徽省女子橄榄球队、上海女子羽毛球青年队、上海女子佩剑队、上海沙滩排球队、上海跳水队、上海网球队体能教练，国家体育总局备战东京奥运会中国飞碟射击队复合团队成员，中国钢架雪车队体能兼科研教练。

参与翻译《ACSM体能训练概论》，参与编写《身体运动功能训练》《身体运动功能诊断与训练》《小学生身体运动功能训练教程》等图书。

刘超

卡玛效能运动科技 | 项目负责人

卡玛效能课程"精准训练"（Precision Training®）联合创始人；美国运动协会（ACE）私人教练认证，国家一级田径、健美操运动员。

具备十余年一线私教教学经验，在国内率先将功能性训练理念融入大众健身，并针对中国健身人群设计出 PT-M 精准训练模型，为健身教练提供了便捷高效的课程教授技巧。